Münsterschwarzacher Kleinschriften

herausgegeben
von den Mönchen der Abtei Münsterschwarzach

Band 26

Meinrad Dufner
André Louf

Geistliche Begleitung im Alltag

Vier-Türme-Verlag

2., überarbeitete und erweiterte Auflage 2006
(zuerst erschienen als »Geistliche Vaterschaft«, 1984)

Umschlaggestaltung: Morian & Bayer-Eynck, Coesfeld
Umschlagmotiv: Morian & Bayer-Eynck, Coesfeld
Gesamtherstellung: Vier-Türme GmbH – Benedict Press,
Münsterschwarzach
ISBN-10: 3-87868-196-8 / ISBN-13: 978-3-87868-196-0
ISSN 0171-6360

www.vier-tuerme-verlag.de

Inhalt

Meinrad Dufner OSB

Suche nach geistlicher Begleitung

1. Auf den Weg gestellt

Kaum ein anderes Bild vermag treffender zu beschreiben, was es mit dem Menschen auf sich hat, als das Bild vom Weg. Menschsein heißt geradezu »auf den Weg gestellt sein«. Wir können die Heilige Schrift aufschlagen, wo wir wollen, und werden dort Menschen finden, die gerufen, geschickt, herausgeführt oder heimgeholt werden. Namen wie Abraham, Jakob, Mose, Jeremia, Ezechiel verkörpern die verschiedensten Weisen von Wegen, welche Menschen zu allen Zeiten zu gehen gerufen waren. Jesus, die Apostel, Paulus waren in einem Auftrag, in einer Berufung unterwegs: die Berufung lautete immer das Hineinwachsen in den Plan, zu welchem Gott diese Menschen exemplarisch gemeint hat.

Alle diese Gestalten und jeder Heutige sind eingeladen, von einem noch unreifen, unfertigen, verstellten und undeutlichen Anfang hineinzureifen in den großen Plan. Dieser sieht vor, dass ein Mensch aus seiner kleinen Ichverfangenheit ausziehe in die Weite und Lebendigkeit liebender

Hingabe. Die Regel Benedikts verspricht dem, der nach ihr gegangen ist, die »Weite des Herzens«. Dorthin gelangt einer aber nur nach einem oft mühevollen und langen Reinigungsweg. Der heilige Benedikt meint, es sei ein Rückweg weg vom Ungehorsam gegen den Plan der Liebe zum Einswerden mit dem Leben. Der Reifungsweg ist also ein Reinigungsweg.

Was müsste geschehen, um einen zur Mülldeponie verfremdeten Brunnen wieder benutzbar zu machen? Es müssten eins ums andere die alten Reifen, die Büchsen, der Bauschutt, die Coladosen herausgehoben werden, bis endlich wieder der klare Wasserspiegel am Boden des Brunnens freiläge. Jetzt lebt der Brunnen wieder. Einen vergleichbaren Vorgang stellt der Reifungsweg des Menschen dar. In alten Zeiten geschah dieser Reifeweg beim Vollzug des religiösen Rituals. Für den primitiven Menschen war der äußerlich gefahrvolle Weg zu den unterirdischen Felsendomen ein Einweihungsweg. Die Überwindung von Anstrengung, Schmerz, ja Todesangst sprengte die Fesseln des schmerzfeindlichen, sich selbst verhafteten Menschen. Durch tausend Tode hindurch vollzog er seine eigene Opferung im Begehen des Weges. An dessen Ende stand dann der verwandelte Mensch, zur Begegnung mit dem Numinosen fähig.

Man kann sich denken, wie sehr ein solcher Weg des Begleiters und Führers bedurfte. Ebenso oder noch mehr bedarf der innere Weg eines Menschen der väterlichen Zeugung und der mütterlichen Erziehung.

2. *Der Ruf nach dem Meister*

»Der Ruf nach dem Meister« lautet ein Buchtitel von Karlfried Graf Dürckheim. Dieser Ruf ist ein besonderes Zeichen unserer Zeit, deren Vorhut über die technisch messbare Wirklichkeit hinaus fragt. Der Ruf nach dem Meister ist der Ruf nach dem Sinn des Lebens, der verankert sein muss jenseits und doch mitten in aller Zerstörbarkeit und Endlichkeit. Wer nach dem Meister ruft, ruft somit nach einem Menschen, in dem die göttliche Wirklichkeit durchscheint. Er ruft nach jemandem, an dem ablesbar, erlernbar, erfahrbar ist, was seine tiefste Sehnsucht erheischt: ein Gottvoller Mensch zu werden.

Somit darf der Ruf nach dem Meister, dem geistlichen Vater, dem Starez, der Begleiterin oder wem auch immer, ganz positiv gewertet werden. Es ist der Ruf von jemandem, der schon viel mehr vom wahren Leben erahnt als jeder, der nicht sucht. Wer sucht, ist schon auf dem Weg; wer ruft, wird finden – oder besser, er wird gefunden. Denn es besteht eine unmittelbare Wechselbeziehung zwischen Schüler und Meister, zwischen Sohn und geistlichem Vater. Der geistliche Vater, die geistliche Mutter sind jeweils die personale Verkörperung der tiefsten Sehnsucht und Ahnung von Reife, die dem Sohn innewohnt.

Wir sind in der Zeit des Heiligen Geistes – man möchte sagen der Inkarnation des Heiligen Geistes. Jede Suche – wie ungeordnet sie auch sein mag, bis hin zur Sucht – will aufgedeckt werden, damit sie sich als Suche nach dem Heiligen Geist, dem Leben in Fülle, zeigen darf.

Weil der Ruf nach dem Meister heute so laut und drängend vorgetragen wird, fällt es falschen Gurus leicht, sich ins Spiel zu bringen. Auch ist die Zahl der selbst ernannten Meister heute nicht gering. Aber keineswegs dürfen diese Abwegigkeiten dazu verleiten, die Suche und Frage nach geistlicher Führung, die erfahrene Erlösung will, schlecht zu machen. Erfahrbarkeit des Glaubens ist weitgehend zu einem Kriterium seiner Echtheit geworden. Das ist nicht schlimm. Es bewahrt vielmehr vor der Wiederholung ausgehöhlter »Wortglauberei«. Geht es doch heute und damals darum, dass das Wort Fleisch werde, dass im Menschen der Logos Christus durchbreche, der Licht und Leben schafft.

3. *Und wenn der geistliche Vater fehlt ...*

So erfreulich und positiv der Ruf nach geistlicher Vaterschaft, so groß sind die Enttäuschung und Resignation bei ihrem Ausbleiben. Oft wird von Menschen, die sich für fromm und suchend halten, geäußert, dass es keine geistlichen Väter mehr gibt, dass es sie zumindest dort nicht gibt, wo diese frommen Seelen leben. Hier haben wir es mit einem beliebten Täuschungsmanöver des Innern zu tun, das die reale Veränderung und Läuterung verweigert, weil es die ideale Veränderung und Läuterung will. Wer wirklich Schüler ist, das heißt, wer sich auf den inneren Weg gemacht hat, der ist hörend und gehorchend und der wird allenthalben »Meister« finden. Zwar wird es den wenigsten Menschen gegeben sein, einen personalen, konkreten geistlichen Vater zu finden, aber sie können deshalb nicht weniger vom »inneren Meister« geführt und gefördert werden. Was und wo sind solche »Meister«, die nicht an eine konkrete Person gebunden sind?

Der Leib als Meister

Dem Menschen ist nicht nur ein Leib gegeben, den er zur Verfügung hat. Jeder Mensch ist ganz und gar und wesentlich sein Leib. Dieser Leib ist er geworden als anschaubares und gewachsenes Bild seines Wesens. Es gibt nichts an diesem Leib, das nicht zutiefst mich beträfe, ja aussagte. Ich bin mein Leib; wie ich nicht eine Krankheit habe, sondern krank bin, nicht Lust habe, sondern Lustbedürfnis und -erlebnis bin. Der Leib hat eine sehr hilfreiche Eigenschaft. Er vermag viel weniger als unser Denken und Sprechen zu lügen, das heißt, er reagiert unmittelbarer, ohne Absichten, die von außen gesteuert werden. Wenn ich bei bestimmten Anlässen rot werde, wenn ein Schweißausbruch mich befällt ohne vorhergegangene körperliche Anstrengung, wenn mein Mienenspiel freundlich, meine Hand aber zur Faust geballt ist, wenn ich von Zuneigung spreche, dabei aber immer mehr mit dem Leib zurückweiche, dann verrät der Leib die tiefere Wahrheit meiner selbst. Lernt nun ein Mensch, auf solche Zeichen zu achten, lernt er gar, sich von ihrer Aussage kritisch befragen zu lassen, dann hat er die Stimme des Innern vernommen, die ihn richtiger, ganzheitlicher, wesentlicher macht. Unser Leib verrät weit eher und ehrlicher als unser Denken und Meinen, wer wir sind, wie wir uns befinden. Dieses wird nur zu leicht durch Abwehr oder Wunschvorstellung manipuliert und getrübt.

Körperliche Schmerzen, Verspannungen, ja sogar Krankheiten können für uns ebenfalls eine Anrede des inneren Heiligen Geistes sein. Auch solche Erscheinungen wollen öfter, als wir wahrhaben wollen, auf ihre personale Aussage befragt und ernst genommen werden. Ich habe nicht diesen oder jenen Schmerz, sondern ich lebte falsch, deshalb bin ich so krank. Das darf sicher nicht plump von jeglicher Krankheit gesagt werden. Aber ebenso darf es auch nicht ständig ausgeschlossen werden, was normalerweise geschieht. Magenbeschwerden können verwandt sein mit einem Beharren auf dem Recht, sich zu ärgern. Rheuma und Gelenkschmerzen haben gelegentlich mit einem skrupulösen Festhalten oder mit inneren Widerständen gegenüber bestimmten Lebenssituationen oder Personen zu tun. Beispiele könnten leicht noch weiter angeführt werden. Doch es ist besser, solche Zusammenhänge erst angesichts des kranken Menschen und im Zusammenhang mit einer unmittelbaren Intuition von ihm zu äußern. Fest steht, Krankheiten haben nicht nur den Un-Sinn des Leidens. Sie haben auch oft den Sinn des Reifens, indem sie etwas bewusst machen, Fehlhaltungen aufdecken, Forderung des Lassens um des weiteren Weges willen aussprechen.

Der Leib vermag noch in einer dritten Weise väterlicher Führer, Erzieher, Heiland zu sein. Seelische Fehlhaltungen können durch rechte Leibhaltung beeinflusst, verändert, ja sogar geheilt werden. Gelingt es einem depressiven Menschen in rechter Weise aufrecht zu stehen, zu gehen, zu sitzen ohne das beliebte Sich-hängen-Lassen, hat er schon einen wichtigen Teil seiner selbst dem Sog nach unten oder der Unterdrückung durch das Innere entrissen. Die Übung des rechten Stehens auf beiden Beinen kann bei gefühlbeherrschten Menschen mehr Mitte und Halt geben. Realitätsscheue Menschen können im festen Gehen – sich auf den Boden einlassen – Realitätsbezug Schritt für Schritt üben. Auch hier verbietet es die Discretio, weitere Beispiele aufzuzählen, da solche Übungen nicht ohne den Bezug zum lebendig vor einem stehenden Menschen aufgegeben werden dürfen. Aber die Erfahrung hat schon mehrfach über Jahre hin die Richtigkeit dieses Weges bewiesen: Üben an der Durchlässigkeit im Leibe, an der rechten Haltung im Leibe, ordnet und wandelt ins Rechte auch den inneren Menschen.

Alle drei Weisen der Führung durch den Leib, durch den Leib, der ich bin, taugen jedoch nur, wenn ich mich auch hörend und gehorchend von meinem Leib an der Hand nehmen lasse. Ich erfahre den Meister nur so meisterlich, den Vater nur so Leben zeugend, als ich bereit bin, zu gehorchen, zu folgen.

Wenn die »Annahme seiner selbst« so eine zentrale Aufgabe im Leben ist, dann beginnt solches Annehmen doch wohl am Leibe, im Leibe.

Frau sein, Mann sein ist nicht nur Zufall und Geschick. Es ist Aufgabe. Meine Grundgestalt und alle ihre persönlichen Akzentuierungen beinhalten eine »Botschaft«. Sie ist jedoch nur im geduldigen Annehmen meiner selbst »hörbar«. Seinen Leib gutzuheißen scheint selbstverständlich zu sein, ist es aber nicht. Seinen Leib gutheißen bedeutet: ihm selbst gutes Ansehen geben und ihn schön finden. Allmorgendlich braucht es mich selbst, um mich in den Tag hineinzuholen, ich muss mir zutrauen, den Tag und das Leben anzugehen. Je selbstverständlicher und mit sich einig im Leibe jemand ist, desto voller ist seine Gegenwart und Kraft – vom Lateinischen kommend: seine Präsenz und seine Potenz.

Das Leben als Meister

Wem die Führung durch eine/n persönliche/n geistliche/n Vater/Mutter abgeht, der hat einen weiteren Begleiter und Führer an der Hand. Das Leben – verstanden als die Aneinanderreihung seiner Ereignisse – ist nicht Zufall, sondern es ist vielmehr mir zugefallen.

Da war eine Erfahrung besonderer Qualität und Dichte, besonderer Schönheit und tiefer Freude. Ich war wie verzaubert und gebannt. Das war mehr und wirklicher als alles andere um mich herum. Solches mag einem Menschen in der Begegnung mit einem Du, in einer Landschaft, bei einem Buch oder einer Musik, ja auch bei der Arbeit zufallen.

Diese Lebendigkeit will ernst genommen werden, nicht verdrängt sein als »Gefühlsduselei«. Sie kann zum Fenster werden, durch das einer in die weite Landschaft seiner Möglichkeiten, seiner Berufung blicken darf, damit er fortwährend danach unterwegs bleibe.

Auch »negative« Ereignisse, wie ein Unfall, eine Katastrophe, ein Zusammenbruch oder Verlust, sind nicht beziehungslos, sondern sie beziehen sich auf mich. Sie wollen mir etwas sagen. Ohne einem krampfhaften Hinterfragen, ohne übertriebener Suche nach der jeweiligen Bedeutung eines Ereignisses zu verfallen – das wäre sehr falsch –, bedarf es doch für die meisten Menschen einer größeren Aufmerksamkeit im Blick auf den Sinn ihres Weges. Sie würden ihr Leben mehr verstehen, sie würden auch aus dem Gang ihres Lebens mehr erfahren für die Zukunft ihres Weges. Mit einem Bild sei das Angedeutete veranschaulicht. Leben ist wie eine Wendeltreppe, deren spiralförmiger Aufgang in ein Gerüst von vier senkrechten Holmen eingebunden ist. Auf jeder Etage der Treppe begegne ich immer wieder den gleichen Holmen, aber auf anderer Ebene. Lernt ein Mensch seine in sein Leben positiv wie negativ eingelassenen Holme kennen und verstehen, vermag er die Relativität des jeweiligen Standortes besser zu deuten und auszuhalten. Aus der Struktur der Vergangenheit kann Zukunft erahnt werden nach Art einer Hochrechnung. Dieser Vorgang eignet sich gelegentlich auch für eine Umkehrbewegung. Wenn ich so weitermache, dann lande ich da und da. Leben, Ereignisse, Widerfahrnisse so befragt, so abgelauscht, mögen ein Deutewort geben, dem es zu gehorchen gilt.

Noch in einer weiteren Weise will das uns Begegnende zu uns sprechen. Kinder haben noch die ungebrochene Fähigkeit, sich von Geschehnissen wie von einer Person ansprechen zu lassen. Ein blühender Baum blüht für mich und fragt, warum ich nicht blühe. Die Augen eines Kindes, die mich betroffen machen, wollen mich treffen und erinnern an meine Sehnsucht nach Echtheit, Ehrlichkeit, Ursprünglichkeit und Ganzheit. Ich müsste jetzt nur gehorchen. Bei der Besichtigung einer ehrwürdigen gotischen Kathedrale geht es nicht nur um die Kunstgeschichte. Die Streben, die Pfeiler meinen mein Streben. Die Fenster in eine andere

Wirklichkeit wollen mich öffnen. Das hoch oben Gewölbte will meine Gelassenheit, meine Geborgenheit. Es lebt einer so orientierungslos, als er sich nicht orientieren will. Es lebt einer so leblos, als er sich nicht anrühren lässt. Es erfährt einer so viel, als er fragt und nach Antworten sucht.

Der Mitmensch als Meister

Nicht jeder Mensch ist ein Meister oder könnte mir zum geistlichen Vater werden. Aber durch jeden Menschen hindurch kann mir der Heilige Geist eine Zusage für den Weg machen. Zwei Menschengruppen sind dafür besonders geeignet: die, welche mich ärgern, und die, welche mich faszinieren.

Was geschieht anlässlich des Menschen, mit dem ich mich ständig reibe, der mich aufregt, der mir zum Anstoß ist? Ich stoße mich an ihm. Ein Beispiel: In der Ecke steht eine Gitarre mit bestimmten Saiten. Summe ich einen Ton, dessen Schwingung einer der Saiten entspricht, summt die Gitarre mit. Sie wird betroffen von Gleichem und reagiert. Noch ein Beispiel: Unser Hund jault. Wir sagen, er hört einen Ton, der ihn schmerzt. Ich höre diesen stechenden Ton nicht, weil ich nicht die Spannweite eines Hundegehörs habe. Obwohl der schmerzende Ton da ist, schmerzt er mich nicht. Es schmerzt, es ärgert, es hindert nur, was in mir eine Entsprechung oder Verwandtschaft vorfindet. Noch ein Beispiel: Ich finde es unmöglich, dass ein Gesprächsteilnehmer ständig redet. Ich ärgere mich über ihn. Richtiger, ich ärgere mich darüber, dass ich, der auch reden wollte, nicht zum Zuge kam. Mich ärgert am andern, was mich selbst betrifft. Gelingt es, solche Erfahrungen immer wieder zu befragen auf mich selbst hin, geben sie Antwort und Beschreibung von mir selbst. Sie vermögen meisterhaft mir meine Maske vom Gesicht zu heben. Sie machen mich mit meiner tieferen Wahrheit vertraut, kurz, sie decken auf, was der Meister und geistliche Vater in mir ans Licht heben müsste.

Menschen, die mich faszinieren, die ich anbete, wollen ähnlich behandelt sein. »Wäre das Auge nicht sonnenhaft, es könnte die Sonne nicht sehen.« Mich fasziniert nur, wofür ich ein Organ, eine Entsprechung in mir habe. Ich bin eingeladen, das, was mich angeht, bei mir selbst suchen zu gehen, zu entfalten, auszuleben, im Werk zu verwirklichen. Das Gesagte gilt bis in die Heiligenverehrung hinein. Je höher der Heilige auf dem Sockel, desto weniger ist er tauglich für unsere Verwandlung zur Heiligkeit. Maria bleibt hier das biblische Vorbild. Als die Jünger ihr die Peinlichkeit während der Hochzeit zutragen, gibt sie zur Antwort: »Was er euch sagt, das tut.« Jeder Heilige ist Verweis auf Gott, der ihn dazu gemacht hat; Verweis auf meine Gottbezogenheit. Zahllose Menschen heiraten einen Menschen, der sie einmal fasziniert hat. Dennoch wird ihre Ehe allmählich leer. Warum? Faszination meint die Herausforderung, diese angebetete Lebendigkeit, diese wunderbare Geistigkeit, diese Milde oder Hilfsbereitschaft oder was auch immer, in mir zu entwickeln. Bleibt das Faszinosum in einem Menschen unentwickelt, bleibt der ganze Mensch unentwickelt. Es hält demnach unreif, wenn ich in der »Anbetung« und der Faszination stecken bleibe.

Auch hier soll ein weites Feld nur angedeutet sein. Für einen Menschen, der hörend genug ist, vermag jeder andere immer wieder zum helfenden Simon von Cyrene zu werden. Der andere wird Geleit geben, wird mittragen, wird weiterweisen wie der geistliche Vater.

Von Tertullian ist uns aus der Mönchstradition das Wort gegeben: »Siehst du deinen Bruder, siehst du deinen Herrn.« Die Alten verstanden diese Wahrheit nicht nur als Aufforderung zum altruistischen Tun, zu Gastfreundschaft und Liebesdienst. Sie verstanden dieses Wort auch als Hinweis auf eine Möglichkeit für die innere Begleitung: Von jedem Menschen ist etwas zu lernen, sogar vom dümmsten oder vom Kind, wie es Augustinus erfahren hat.

Ist der Mensch mal hörend geworden und offen für die Suchbewegung der Seele, dann fängt vieles an, ihn zu betreffen, ihn anzugehen und ihn zu meinen: ein Wort, ein Bild, ein Buch, eine Begegnung ...

Ort und Dinge als Meister

Als Benedikt zum Ende einer Reihe von guten und schlimmen Erfahrungen – nach Versuch und Irrtum – endlich auf dem Monte Cassino ankam, war sein wesentlichstes Werkzeug für richtiges Leben die Beständigkeit am Ort. Im vierten Regelkapitel nennt er das Kloster mit seiner realen Geografie die Werkstatt für das geistliche Leben. Hier in diesen Mauern, an diesem Ort, in diesen Verhältnissen wird auf Erden der große Himmel gesucht und gefunden. Darum ist das Herumziehen für die Mönche so schädlich, aber nicht nur für Mönche.

Die Inselmönche von Levin nannten ihre Insel, auf der sie lebten, den »Altar von Levin«. Hier und jetzt mich einfügen lassen beinhaltet eine kraftvolle Führung. Der Ordnung gehorchen verlangt Hingabe und Selbstlosigkeit. »Ordo est amoris« – »Ordnung ist eine Sache der Liebe«, meint Augustinus.

Aus solch einer Treue zu den Verhältnissen folgert auch eine Sachgerechtigkeit mit den Dingen. Die Regel Benedikts heißt daher den Verwalter, alles wie heilige Altargeräte zu behandeln (vgl. RB 31,10).

»Der Alltag setzt sich aus den einfachsten Dingen zusammen: Essen bereiten, Geschirr gebrauchen und abwaschen, Zimmer aufräumen und Sitzungen durchstehen. Der Alltag besteht aus Gabe, Hingabe, Freude und Festlichkeit. Die Liebe besteht nicht darin, Heldentaten zu vollbringen, sondern die gewöhnlichen Dinge mit Zärtlichkeit und Sanftmut zu verrichten. Eine Gemeinschaft mit einem Sinn für gediegene Arbeit, diskret und leise in der Demut und der Liebe zu anderen verrichtet, kann zu einem Ort werden, wo man tief die Gegenwart Gottes lebt. Jeder ist dann an seinem Platz. Er vollbringt die kleinen Gesten des Alltags mit Sanftmut und Fachwissen. Er schätzt sich glücklich, den anderen zu dienen, die anderen höher zu schätzen als sich selbst, eine friedliche Beziehung zu Gott, den anderen und der Natur zu haben und in Gott zu bleiben wie Gott in ihm bleibt. Durch solche Menschen nimmt die Gemeinschaft eine kontemplative Dimension an.«*

Ein guter Handwerksmeister ist immer auch ein guter Lebensmeister. Indem er der Sachgerechtigkeit gehorchen und nach ihren Gesetzen hantieren lehrt, lehrt er Geduld, Hingabe, Achtsamkeit und Maß. Die Regel von Taizé deutet die Arbeit geradezu herb auf das geistliche Tun: »Ist deine Arbeit dilettantisch, wird es wohl auch dein Gebet sein.«

Die bisherige, hier vorliegende Betrachtung führte zum Thema der eigenen Lebensfruchtbarkeit. Bei der Vorstellung einer Person wird meist auch der Beruf eines Menschen mitgeteilt bzw. erfragt. Das ist nicht nur Interesse an der äußerlichen und funktionalen Kompetenz. Es schwingt auch noch die Frage nach der Berufung mit: Womit ist er fruchtbar?

Wozu sind Apfel-, Birn- und Pfirsichbaum geschaffen? Dass es Äpfel, Birnen und Pfirsichfrüchte gibt! Und die Bananenstaude? – Damit es Bananen

* Jean Vanier, Den Alltag leben, aus: Gemeinschaft, Ort der Versöhnung und des Festes, Salzburg 1983, S. 213f.

gibt! So könnte ich ein ganzes Kapitel lang durch die Fruchtgärten der Welt streifen. Und allen Bäumen und Sträuchern die nämliche Frage stellen. Die Antworten wären immer die gleichen: damit es Kokosnuss und Pampelmuse, damit es Kirschen und Zwetschgen und die süße Feige gibt. Um seiner Früchte willen ist ein jeder da.

Und der Mensch? Soll es bei dem so anders sein? »Ich habe euch ... dazu bestimmt, dass ihr euch aufmacht und Frucht bringt und dass eure Frucht bleibt.« (Joh 15,16)

Was sind Formen unserer Fruchtbarkeit? Da zählt als Erstes die Leibesfrucht und die Sorge für sie. Die Gabe und Hingabe der Mütter und Väter an das Leben ist unermesslich! Dann das alltägliche Werk unserer Hände: der zu deckende Tisch, das gute Essen darauf, die saubere Wohnung, die Griffe jeglichen Handwerks und jeglicher Arbeit. Wir ahnen, was Menschen angetan wird, die zur Arbeitslosigkeit genötigt werden ...

Sprechen wir auch von der geistigen Fruchtbarkeit. Es gibt besonders schöpferische Menschen. Sie zeugen und gebären Kunstwerke aus Klängen, Farben, Worten – aus ganz unterschiedlichen Stoffen. Dazu kommen die Früchte des Herzens – solche sind: Güte, Freundlichkeit, Milde, Langmut, Erbarmen, Friede, Versöhnung, Heiterkeit, Ausdauer, Geduld.

Zugleich ist jeder Mensch für eine ureigene Fruchtbarkeit bestimmt. Es fällt ein Licht der göttlichen Erwählung und Bestimmung auf seine ureigenste Lebenserfahrung und auf seinen ureigensten Lebenssinn: auf seine Gotteserkenntnis, seinen Glauben, seine Art zu vertrauen, zu lieben, zu hoffen, sein ureigenstes Gebet und Geheimnis.

Es fällt ein Licht auf mein eigenes Leben: Geburt – der Gang der Jahre – mein Sterben. Das alles wird meine persönliche Frucht ausmachen. Die irgendwie fruchtbare Weise eines jeden Menschen – konkret: meine so gewordene Lebensgestalt – ist einmalig. Sie ist Botschaft, die Gehör verdient, wiederum aber erst Gehör bei mir selbst finden muss.

Als Maria ihren Lobgesang begeistert ausrief, war ihr das »Magnificat« – die »Großmache« durch Gott – bewusst geworden. Von wie viel Begabung, von wie viel Glück und Lebenswissen erzählt mir auch der Blick auf mich selbst!

Vor Jahren schrieb ich in meine Aufzeichnungen folgenden Text: »8. August 1997 im Glottertal: Zehn Meter von meinem Haus steht ein alter Apfelbaum. Er ist derart verwittert, dass seine Schönheit verjährt scheint; solange man ihn nur ungenau kennt. Er grünt, blüht, trägt Frucht alle Jahre. Und ab und zu fällt ihm von seiner Arbeit ein süßer Apfel zu Boden. Alle Morgen, alle Abend kommen Rehe und schauen, was der Alte beschert hat. Wenn ich das mit meinem Leben erreichen könnte! So selbstverständlich da sein, mein Werk tun in Stille und täglich so eine Freude bereiten ...«

Ich habe diesen Text mit meinem Wunsch am Ende jemandem vorgelesen. Die Reaktion darauf war: » ... du tust es ja schon!«

Ja, wir tun es alle schon. Schauen wir, wie viel Frucht schon gereift ist, wie viel Gabe und Hingabe schon sein durfte, wie viel Fluss an Liebe schon durch einen hindurch und aus einem heraus floss – von Gott, der Liebe ist.

Die Zeit als Meister

Ohne Uhr und Terminkalender zu leben, ist heute nur noch wenigen Menschen möglich. Die meisten sind von morgens bis abends, von Montag bis Freitag terminlich eingebunden und haben am Wochenende »geplante Freizeit«.

Es muss einen Sinn haben, dass die Zeit jenes Milieu ist, in dem wir uns finden oder verlieren. An der Zeit führt kein Weg vorbei. Er geht nur mitten durch sie hindurch. Also kann der Termin- und Tagesplan – der große Rahmen – mich »bei der Hand nehmen«. Für Benedikt sind die bewährten Gewohnheiten und Zeitabläufe – von den Älteren und der Gemeinschaft vorgelebt – eine Richtschnur auf der achten Stufe der Demut.

Das Gegenteil – eine Art Stolz – beschreibt der heilige Bernhard mit dem Mönch, der alles zur Unzeit – also phasenverschoben – erledigt. Keiner kann den gewöhnlichen Anforderungen entkommen, aber man kann sie alle ostentativ verschieben. So aber erhält man keinen gemeinsamen Rhythmus. Den Eigenrhythmus der gemeinsamen Gangart einfügen ist daher eine Grundübung – nicht nur des Mönchtums, sondern auch des Menschentums.

Der Terminkalender kann auch zum geistlichen Buch werden. Indem jemand gehorchend dem Fluss der Termine, der Abmachungen und der Begegnungen folgt, kann eine hohe Stufe der Selbstlosigkeit und der Durchlässigkeit reifen. Die Zeit heilt nicht nur, sie lässt auch stets neue Knospen und Äste aufbrechen. Die Zeit klopft Sekunde um Sekunde bei uns an, klopft heraus und stellt ins Neue. »Wenn es klopft, soll man öffnen«, so lautet ein wertvoller Sinnspruch. Zeit »tickt« immer, sie will ständig mein Öffnen für sie.

So betrachtet, werden dann auch die Lebensalter zum wegweisenden Meister. Nicht alles ist in jeder Phase »an der Zeit«. Was aber jeweils notwendig ist, das soll ergriffen werden. Sich diesem biopsychischen Rhythmus zu widersetzen würde Leben in die Irre führen. Keine Phase kann übersprungen werden. Gelegentlich mutet das Leben ein Nachsitzen oder Repetieren zu – so lange, bis die »Lektion« gelernt ist.

Heutzutage geschieht es immer wieder, dass Menschen durch zu lange »Verschulung« am Leben gehindert werden. Es gibt eine Zeit zum Bauen und Schaffen, aber auch eine Zeit für Verantwortung. Es gibt ebenso Zeit zum Lieben und Sichverlieren. Es gibt aber auch Zeit zum Bewahren und zum Rückzug. Die Treppe der Lebensalter ist dabei eine gute Führerin.

Auf keinen Fall darf man vergessen: Zeit braucht Zeit. Wer dem Leben keine Zeit lässt – nie Zeit hat –, der verliert. Er vergisst, zu verweilen, zu genießen und auszukosten. Ohne Zeit für Zeit zeitigt nichts – reift nichts. Daher ist das Sabbatgebot, dass der Mensch mal »Ruhe gebe«, so wichtig. Hermann Hesse überschrieb einen Essay mit dem Titel: »Faulheit, Seelenhygiene für den Künstler«. Doch nicht nur der Künstler braucht die zweckfreie Zeitmulde, jedes Leben bedarf ihrer. So bleibt noch eine wichtige Anweisung des inneren Meisters: mit Geduld und langem Atem seine Tage leben. Wenn also Zeit alles heilt, dann ist es doch der innere Arzt, der alles heilt und der schon findet, wie es ausheilt.

Zum Reifen oder Heilwerden mögen auch längere Krankheitsphasen und die Schritte des Sterbens dienen. Hierin formt uns das Leben zu jener geschmeidigen und wieder leichten Gestalt, mit der wir durchs Todestor schlüpfen können.

Musik und Tanz sind in allen Kulturen das Medium, Leben zu erzählen. Die französische Mystikerin Madeleine Delbrêl zeigt diese Weisheit in ihrem Gedicht »Ball des Gehorsams«. (s. S. 35)

Das »Meisterzeichen«

Wer mir nachfolgen will, »nehme sein Kreuz auf sich und folge mir nach.« (Mt 16,24)

Mit Kreuz ist hier nicht in erster Linie das Hinrichtungswerkzeug gemeint, sondern das Leben als Ganzes, das uns herrichtet und auch hinrichtet. Vor aller christlichen Deutung aus dem Passionsgeschehen ist ja das Kreuz ein Sinnbild für die Wirklichkeit. Im Kontext dieses Textes hier will ich es dem Thema als Betrachtungsbild hinzufügen: Das Kreuz hat Ausdehnung von unten nach oben, von rechts nach links. Diesen vier Polen kann ich die verschiedensten Bereiche zuordnen.

Dann meint der Erdpol unten meine Herkunft, meine Bodenverhaftetheit, meine Fleischlichkeit, meine Vitalität, meine Ahnenreihe, meine Geschichte und meine Wurzeln. Der nach oben verweisende Arm ist der Himmelspol. Er zeigt meine Gottverwiesenheit, meine geistige und geistliche Welt, meine Träume und Visionen, meine Möglichkeiten und Verheißungen.

Rechts ist die Seite des Richtig und meistens auch des Willens. Zu meiner Rechten ist ein Ehrenplatz. Hierher gehören die Freunde, die Menschen meiner Wahl und die angenehmen Beziehungen. Hier stünden auch meine machbaren Vorhaben und mein Vermögen, meine Gaben und Talente. Die linke Seite ist die mindere. Wir lassen etwas »links liegen«, wir finden eine Tat »linkisch« und erleben, dass uns jemand »links daherkommt«. Die linke Seite steht für Menschen, die mir irgendwie zuwider sind. Links ist die Seite der Schicksalsschläge und der Widerfahrnisse. Links stehen auch mein Versagen und meine Unfähigkeiten.

Alle diese Bereiche wollen in der Mitte – in einem kleinen, menschlichen Herz – gebündelt und gehalten sein. Vom Herzen her soll ich mein Kreuz tragen, meine Kreuzgestalt als Aufgabe tragen. So zeigt sich das Kreuzbild als Kurzformel für ein rechtes Leben, als Wegzeichen für den Alltag. Es ist Zeichen, das Meister sein kann.

4. Beten, wenn ich nicht bete

Das bisher Gesagte sprach viel vom weltlichen, gewöhnlichen Leben. Vom Gebet war noch wenig die Rede. Ja auch das Gebet will unscheinbar verwoben ins grau Alltägliche seinen Platz finden.

»Ob Sie mir glauben – ich getraue mich kaum, davon zu sprechen, ich habe Gottes Nähe noch nie so gespürt, ich war am Beten, obwohl ich sicher keine Worte machte, ich hab jetzt noch keine Worte – aber es war Gebet. Ob Sie mir glauben?«

Zaghaft, noch unsicher und doch aus Erfahrung wieder ganz überzeugt, berichtete die Ordensfrau von ihrem ersten Saunabad, das sie sich gestern Abend gönnte.

»Ob Sie mir glauben?«

Ja, ich habe ihr geglaubt. Ich habe ihr sehr geglaubt, weil Vergleichbares oft berichtet wird. Immer freilich mit etwas Angst und Unsicherheit. Diese Angst und Unsicherheit sind verständlich. Wie sehr kennt sie jeder, der im herkömmlichen Sinne beten gelehrt bekam. »Helm ab zum Gebet«, hieß es nicht nur im Feld. »Halt Dich grad!«, »Schau nicht herum!«, »Hände falten, wir beten!«

Eine derartig gespannte und unangenehm empfundene Atmosphäre war oft die Begleiterin des Betens. Dazu kommt noch der Ohrwurm: »Ihr müsst beten!« Doch alles, was wir müssen, machen wir bekanntlich nicht gern. Was ist mit der Ordensfrau in der Sauna geschehen? Ein Schwitzbad, besonders wenn es allmählich unangenehm angenehm wird, versetzt einen nur in gegenwärtige Empfindungen in sich selbst, in eine Sammlung auf die inneren und äußeren Vorgänge des Leibes. Der fast leicht schmerzliche Prozess erlaubt nicht mehr, woanders zu sein, er macht mich anwesend. Und solche Anwesenheit ist der Anfang von Etwas-Gewahren.

Denn wie soll einer wahrnehmen, der nicht aufmerksam anwesend ist? Zu Beginn einer Begleitungsphase antworten Menschen öfter, ihr Wunsch sei, wieder gottinniger, gottverbundener zu werden. Kurz, sie wollen wieder beten können. Aus Erfahrung verweile ich nie bei dem so genannten geistlichen Anliegen. Ich wechsle recht schnell zu Fragen, die das Feld Selbstannahme, wohlige Eigenpräsens, zufriedenes Bei-sich-Sein betreffen. Und fast immer ernte ich große Zustimmung, dass es in all den Bereichen ja auch so schal und farblos, leblos wäre. Wie könnte es auch anders sein. Gilt doch: Das Maß des Eigenverlustes ist auch das Maß der Beziehungslosigkeit. Christliches Gebet ist Beziehungsgeschehen. Beten hat eine Ich-Du-Gestalt. Ist aber das Ich verängstigt oder verkrampft, unangenehm oder oberflächlich zerstreut oder selbstvernachlässigend, nur scheinbar vorhanden, oder ist es gar verfeindet mit sich, schon längst aus der Eigenbeziehung geflohen – aus irgendwelchen Gründen, die nicht gleich moralisiert werden dürfen –, dann ist auch kein Beten möglich; übrigens auch keine intensive Freundschaft.

So führt der Weg zu lebendig-geistlicher Haltung nicht über die Appelle, mehr zu betrachten, regelmäßiger zu beten und sich Zeiten geistlicher Lesung und vieles anderen mehr zu nehmen. Der Weg führt zunächst zum Menschen selber, zu einem Bei-sich-Sein. Ob er gut da ist und dieses Bei-sich-Sein, will wieder erlernt oder überhaupt erst gewagt werden. Es ist nämlich ein Wagen. Ein Wagen ist es, die kleinen Empfindungen und Vorgänge von sich, in sich, mit sich wahrzunehmen.

Wie soll mit Gott, zu Gott Großes gesagt werden, wenn das ganz Kleine, das banal Gewöhnliche und Individuelle vergessen, unberührt, abwesend bleibt? Damit hängt zusammen, dass intensives, inniges Beten in Situationen derartigen Bei-sich-Seins aufbrechen kann: beim Einschlafen und Aufwachen, beim wohnlich Sicheinbetten nach einem reichen Tagwerk, nach großer Anstrengung, nach einem geistreich zerzechten Abend, auf der Toilette, im Bad – Mary Ward widerfuhr eine entscheidende Christusbegegnung vor dem Spiegel beim Haarekämmen. Beten, wenn ich nicht bete, heißt: Leben leben, das Jetzt und Jetzige ganz darin vergessen und anwesend tun. Anwesend tun, welche meditative Übung, welche von den angebotenen Wegen aus östlicher oder westlicher Tradition hätte dieses Ziel nicht! Ich schätze das alles. Schaue aber auch etwas mit Weh den Leuten zu, weil sie dieses Üben so feierlich, so ernsthaft, so wichtig nehmen.

Wenn Kinder spielen, sind sie geistlich weiter, daseinsfroher, einverwobener und frommer. Ach, wie viel Krampf und Kampf das allerhand geistliche Exerzieren! Ich habe noch nie jemanden frommer, nicht inniger werden sehen, der nicht auch unmittelbarer das Leben betrieb – ich wähle das Wort bewusst. Leben ist ein Betrieb, ein Im-Treiben-Sein, Im-Fluss-Sein, eine Bewegung, ein Tun, in dem es fast nichts zu tun gibt – außer leben. Beten, wenn ich nicht bete. Wenn ich bete, das ist – sagen wir mal – beim Chorgebet, bei der Liturgie des Sonntagsgottesdienstes, auch die stillen privaten Gebetszeiten. Es braucht auch diese Weisen, sie sind wie Lieder, in denen die Freude sich aussingt, wie Worte, in denen das so viel innen Gesagte laut wird, das unendlich Ungeformte sichtbar, das unsagbar Wirkliche Mysterium und Kult. Ein solches Beten geschieht alle Tage in den Kirchen, Klöstern und Zellen.

Aber wie leicht verdünnt es sich, wird zur Werkerei, zur selbstbefriedigenden Beruhigung und Absicherung gegen den irgend doch angstvoll geglaubten Gott. Wie leicht versauert es zum so genannten Pflichtgebet. Daher ist ein Kriterium lebendigen Betens, ob das Herz aufgeht. Das Herz, das wäre wieder jene Gegenwärtigkeit, wir sprachen oben davon. Und eben darin soll es aufgehen.

Da geschieht etwas im Menschen, was sich wie Weite, wie ein Durchatmen, wie ein Durchströmtsein anfühlt. Merken Sie, meine Wortwahl nähert sich irgendwie dem Erotischen. Ja, etwas davon lebt im Gebet, etwas davon braucht jede Beziehung. Oder sind unsere Gebete etwa eher wie Rechtsanwaltstermine oder Finanzamtsbesuche – oder sind sie gar Bewerbungsgespräche?

Beten, wenn ich nicht bete, das geschieht den ganzen Tag. Das geschieht im Schlaf, im Traum, in allem.

Es meint das Herz und dieses offen auf Ihn hin. Ihn, den ich nicht kenne, erst allmählich kennen lerne. Aber er kennt mich. So betet der Geist mit jenem unaussprechlichen Seufzen – das aber ist das Leben.

Dichter haben Worte, die nicht nur belehren, die vielmehr unsere Gefühle und unsere Lust erwecken. Darum soll nochmals Madeleine Delbrêl mit »Die Ekstase deiner Verfügungen« (s. S. 40) zu Wort kommen.

Das klösterliche Leben lehrt mich: Wer zum geistlichen Leben Zeit braucht – ich will es provozierend sagen –, macht etwas falsch. Wenn nicht alles, was meine Zeit – Tun wie Lassen – ausmacht, »Gebet« geworden ist, dann ist es noch nicht geistliches Leben. Deshalb gelobt der benediktinische Mönch auch, seine Lebensumstände – durch Menschen und Dinge bestimmt – als geistlichen Auftrag zu sehen: Ich gelobe an diesem Ort und in diesen Umständen Beständigkeit. Jeder Mensch hat – zwar weniger ausdrücklich – den gleichen Hingabeschritt zu vollziehen. Das Leben als Meister verlangt es so.

5. *Die Herausforderung*

Obgleich uns viele anonyme Meister und väterliche Helfer gegeben sind, bleibt doch die Herausforderung an den geistlichen Vater in konkreter Person. Diese Herausforderung betrifft vor allem die Priester und Ordensleute, die Lehrer und Erzieher, die Ärzte und auch die Väter und Mütter. Es ist nicht zu leugnen, dass unsere Zeit hierin tatsächlich an einem Mangel leidet. Wir haben viele Lehrmeister, aber wenig Lebe-Meister.

Ein Grund für solche Not liegt in der Verweigerung, sich selbst auf einen Lebe-Weg einzulassen. In unseren Breiten qualifiziert zum Seelsorger das theologische Diplom, zum Lehrer das Staatsexamen, zum Arzt das medizinische Studium.

Zum Vater- und Mutterwerden braucht man außer Geschlechtsreife und primitivster Fürsorgebereitschaft schon gar keine Befähigung.

Dabei kann aber doch nur der Wandlung dienen, wer selbst auf dem Verwandlungsweg ist. Darum weiß auch nur, wer sich selbst auf einen Heilungsweg – auf einen Reifeweg – eingelassen hat.

Nicht zuletzt läuft auch dieses Büchlein Gefahr, die Flut von gedruckten Lebensanweisungen nur billig zu vermehren. Die Anzahl der Schreibtischmeister ist groß, die lebendigen Lebensbegleiter fehlen.

Wer Begleitung sucht, will wachsen. Wer Begleitung gewährt, will, dass es wächst. Die Sehnsucht geht also dahin, irgendwie fruchtbar zu sein, irgendwie am Kreislauf des Lebens aktiv teilhaben zu dürfen. Somit berührt geistliche Vaterschaft und Mutterschaft aktiv und passiv die tiefste Lebenssehnsucht in uns, berührt aber auch höchste Lebensfreude für uns.

Madeleine Delbrêl

Der Ball des Gehorsams

»Wir haben auf der Flöte gespielt, und ihr habt nicht getanzt«

Heute ist 14. Juli.
Jedermann geht zum Tanz.
Allerorten, seit Monaten, Jahren, tanzt die Welt.
Je mehr man drin stirbt, umso mehr tanzt man.
Wogen des Krieges, wogender Ballsaal.

Das Ganze macht wirklich viel Lärm.
Die ernsthaften Leute haben sich schlafen gelegt.
Die Mönche singen die Matutin
vom heiligen König Heinrich.
Ich aber denke
An den anderen König,
Den König David, der vor der Arche tanzte.

Denn wenn es viele heiligmäßige Leute gibt,
die nicht gern tanzen,
Gibt es doch viele Heilige,
die ein Bedürfnis nach Tanz besaßen,
So froh waren sie zu leben:
Teresa mit ihren Kastagnetten,

Juan vom Kreuz mit dem Jesuskind auf seinem Arm,
Und Francesco angesichts des Papstes.
Wären wir mit dir zufrieden, Herr,
Wir könnten dieser Tanzlust nicht widerstehen,
Die sich durch die Welt hin ergießt.
Und wir könnten sogar erraten,
Welchen Tanz du von uns aufgeführt haben möchtet,
Einstimmend in den Rhythmus deiner Vorsehung.

Denn ich vermute, du hast von den Leuten genug,
Die ständig davon reden, dir zu Diensten zu sein mit
der Miene von Feldwebeln,
Dich zu kennen mit der Pose von Professoren,
Nach Sportregeln zu dir gelangen
Und dich lieben,
wie man einander liebt in einem alten Haushalt.

Eines Tages,
da du ein wenig Lust nach etwas anderem hattest,
Erfandest du den heiligen Franz
Und machtest deinen Gaukler aus ihm.
An uns ist's, uns von dir erfinden zu lassen,
Um fröhliche Leute zu sein,
die ihr Leben mit dir tanzen.

Will einer ein guter Tänzer sein, mit dir oder sonst wie,
darf er nicht wissen,
Wohin es führt.
Nur folgen muss man,
Aufgelegt sein
Und schwerelos,
Und vor allem sich nicht versteifen.

Man soll dir keine Erklärungen abverlangen
Über die Schritte, die du zu tun beliebst,
Sondern sein wie eine Verlängerung
Deiner, behende und wendig,
Und durch dich hindurch den Takt
des Orchesters aufnehmen.
Man darf nicht um jeden Preis vorankommen wollen,
Sondern soll zufrieden sein, sich zu drehen,
seitwärts zu steppen,
Anzuhalten, wenn nötig, und zu gleiten,
anstatt zu schreiten.
Und all das wären nur idiotische Schritte,
Machte nicht die Musik daraus eine Harmonie.

Wir hingegen vergessen die Musik deines Geistes,
Und machen aus unserem Leben eine Turnübung;
Wir vergessen, dass es in deinen Armen getanzt wird,
Dass dein Heiliger Wille
Von unvorstellbarer Phantasie ist,
Dass es monoton und langweilig
Nur für ältliche Seelen zugeht,
Die als Mauerblümchen sitzen am Rand
Des lustigen Balls deiner Liebe.

Herr, komm und lade uns ein.
Wir sind bereit, dir diese Besorgung vorzutanzen,
Dieses Haushaltungsbuch, diese Mahlzeitbereitung,
diese Nachtwache,
Bei der wir schläfrig sein werden.
Wir sind bereit, dir den Walzer der Arbeit zu tanzen,
Den der Hitze und dann wieder den der Kälte.
Wenn gewisse Melodien in Moll stehen,

werden wir nicht behaupten,
Sie seien traurig;
Wenn andere uns etwas außer Atem bringen,
sagen wir nicht,
Sie stießen uns die Lunge aus dem Leib.
Und wenn Leute uns anrempeln,
werden wir's lachend hinnehmen,
Wohl wissend,
dass beim Tanz so was immer geschieht.

Herr, lehre uns den genauen Platz,
Den in dem endlosen Roman,
Der sich zwischen dir und uns abspricht,
Der Ball einnimmt, dieser seltsame Ball des Gehorsams.

Offenbare uns das große Orchester deiner Heilspläne,
Worin das, was du zulässt,
Befremdliche Töne von sich gibt
Inmitten der Heiterkeit deiner Verfügungen.
Lehre uns, täglich die Art
Unseres Menschseins anzuziehen
Wie ein Ballkleid, das uns alles an ihm um deinetwillen
Liebenswert macht wie unentbehrlichen Schmuck.

Gib, dass wir unser Dasein leben
Nicht wie ein Schachspiel, bei dem alles berechnet ist,
Nicht wie einen Match, bei dem alles schwierig ist,
Nicht wie ein Zahlenproblem,
bei dem man sich den Kopf zerbricht,
Sondern wie ein endloses Fest,
bei dem man dir immer wieder begegnet.
Wie einen Ball, einen Tanz

In den Armen deiner Gnade,
Während die Musik der Liebe uns allseits umfasst.

Herr, komm und lade uns ein.

(Madeleine Delbrêl, Der Ball des Gehorsams, aus: Wir Nachbarn der Kommunisten, Übertragen von Hans Urs von Balthasar, Johannes Verlag, Einsiedeln 1975, S. 67ff.)

Madeleine Delbrêl

Die Ekstase deiner Verfügungen

Wenn einer, der uns liebt, etwas von uns verlangt,
danken wir ihm, dass er uns brauchen kann.

Wenn es dir gefiele, Herr,
während unseres ganzen Lebens
Ein einziges Ding von uns zu fordern,
wir könnten's vor Entzücken nicht fassen,
und dies eine Mal deinen Willen erfüllt zu haben,
wäre das Ereignis unseres Schicksals.

Aber weil du täglich, stündlich, minütlich,
uns eine solche Ehre antust,
finden wir das so natürlich, dass wir blasiert sind,
und genug davon haben.

Und doch,
verstünden wir, wie ganz unausdenklich dein
Geheimnis ist,
wir wären verblüfft,
wenn wir diese Funken deines Willens erblickten:
unsere winzigen Aufgaben.
Wir wären geblendet, wenn wir in dieser riesigen
Finsternis, die uns einhüllt, erführen

die ungezählten,
die ganz exakten,
persönlichen
Lichter deiner Verfügungen.

An dem Tag, da wir das verstünden, träten wir ins Leben,
wie eine Art Propheten,
wie Seher deiner leisen Vorsehungen,
Täter deiner Eingriffe.
Nichts wäre mittelmäßig,
denn alles wäre entworfen von dir,
nichts wäre zu schwer,
denn alles wurzelte in dir,
nichts wäre traurig,
denn alles wäre gewollt von dir,
nichts wäre langweilig,
denn alles spräche von deiner Liebe.
Wir alle sind vorbestimmt zur Ekstase,
alle berufen
aus unsern armseligen Machenschaften heraus,
um Stunde um Stunde in deinen Plan aufzutauchen.
Nicht sind wir Armselige, die man sich selbst überlässt,
immer Glückselige, die berufen wurden,
berufen, zu wissen,
was dir zu tun gefällt,
berufen, zu wissen,
was du jeden Augenblick von uns willst:
Leute, die dir ein bisschen nötig sind,
Leute, deren Gebärden dir fehlen würden,
wenn wir uns weigerten, sie zu tun.

Das Knäuelchen Stopfgarn, der zu schreibende Brief,
das aufzunehmende Kind, der zu erheiternde Gatte,
die zu öffnende Tür, der abzuhebende Hörer,
die auszuhaltende Migräne:
Lauter Sprungbretter in die Ekstase,
lauter Brücken aus unserem armen Leben,
unserem Widerwillen, hinüber
zum stillen Gestade deines Wohlgefallens.

Madeleine Delbrêl

(Madeleine Delbrêl, Die Ekstase deiner Verfügungen, aus: Gebet in einem weltlichen Leben, Übertragen von Hans Urs von Balthasar, Johannes Verlag, Einsiedeln, Freiburg ^{6}2005, S. 113ff.)

André Louf OCSO

Geistliche Begleitung heute

1. Grundelemente der geistlichen Vaterschaft

Zum besseren Verständnis der folgenden Ausführungen seien einige Bemerkungen vorausgeschickt.

Das Geistliche

Geistliche Begleitung ist eine Sache zwischen zwei Menschen, die in Beziehung zueinander stehen. Aber in dieser menschlichen Gegebenheit und durch sie hindurch vollzieht sich etwas, das einer höheren Ordnung angehört – ein göttliches Geschehen. Dem geistlichen Vater obliegt es, im Namen Jesu und seines Reiches aufzutreten, er gibt etwas vom Heiligen Geist weiter, wie die Altväter sagen: der geistliche Vater muss ein »Pneumatoforos«, das heißt ein Geistträger sein. In der geistlichen Begleitung ist die Beziehung zueinander also niemals »nur menschlich«, ebenso wie sie auch nicht einen Augenblick lang »nur Eingreifen des Heiligen Geistes« ist. Beide Aspekte sind immer eng miteinander verwoben oder besser: das eine ist das Zeichen für das andere, das Menschliche ist Sakrament des Göttlichen.

Dieses paradoxe Geschehen, dass in der geistlichen Begleitung alles mit Gott zu tun hat und alles mit dem Menschen, hat auch Benedikt im Blick gehabt. Das zeigt sich schon darin, dass er in seiner Regel einfach das Wort des Evangeliums auf diese Situation anwendet: »Qui vos audit, me audit« – »Wer auf euch hört«, eben auf diese konkreten Menschen, »der hört auf mich.« (Lk 10,16; RB 5,6.15)

Und im Abtskapitel sagt Benedikt, dass der Abt die Stelle Christi einnimmt, dass er seinen Namen trägt, nämlich Abba, Vater (RB 2,2–3), und dies, obwohl Jesus dem Evangelium zufolge verlangt, niemanden mit dem Namen »Vater« anzusprechen (Mt 23,9). Dennoch geschah dies ziemlich früh und einmütig innerhalb der Christenheit. Offenbar ist es eine prinzipielle, theologische Grundwahrheit, ein fundamentales Erspüren der Glaubenswirklichkeit, dass hier Leben weitergegeben, dass eine väterliche oder mütterliche Funktion zwischen Menschen untereinander ausgeübt wird. Aber für sich kann niemand diesen Namen fordern. »Lasst euch nicht Vater nennen«, sagt Jesus. Das heißt nicht, dass wir einander nicht helfen sollen, den Lebensquell zu erschließen – im Gegenteil: Gott braucht Menschen. Und der Dienst, den man zuweilen im Namen Gottes Menschen erweisen darf, ist eine Art Teilhabe an Gottes Vaterschaft. Die Vaterschaft solcher Art ist zeichenhaft und so gesehen darf jemand mit Recht »Vater« heißen. Die Wirklichkeit der Lebensübermittlung ist übrigens wesentlich und lässt sich daher nicht verleugnen. Vatersein und Leben-Weitergeben ist so zuinnerst mit unserem Menschsein verwoben, dass sich niemand davon ausschließen kann.

Die menschliche Beziehung

Ausschlaggebend in der geistlichen Begleitung ist die Qualität der menschlichen Beziehung. Platon hat ausführlich darüber geschrieben. Die alten Kelten nannten den geistlichen Begleiter »Anan-chara« – »Freund meiner Seele«. Im Buddhistischen bezeichnet man ihn als den »schönen Freund«. Das erinnert an den griechischen Namen »kalogeros« – »schöner Greis«. Nach Dante ist der geistliche Begleiter – und er meint damit Vergil – »mehr als ein Vater«. Und Kierkegaard nennt ihn »mehr als einen Freund«. Vielleicht ist unter allen menschlichen Beziehungen die aus der geistlichen Begleitung erwachsende eine der höchsten Formen überhaupt und eine ideale Ausformung der Freundschaft. Bedeutsam ist daher auch die Qualität dieser Beziehung, nicht etwa die Quantität, das heißt, die Häufigkeit der Kontakte, die Anzahl der gewechselten Briefe oder Gespräche geben nicht den Ausschlag.

Oftmals ist die konkrete monastische Berufung sehr eng mit der durch die geistliche Begleitung entstandenen Beziehung verwoben. Der Novizenmeister, eventuell auch der Abt, hat Anteil an dieser Berufung, denn sie kommt in einer konkreten menschlichen Beziehung und durch sie hindurch zur Entfaltung. Ob jemand zum monastischen Leben berufen ist, hängt dann ab von der Möglichkeit einer Freundschaft zwischen den beiden Beteiligten. Es muss eine grundlegende Basis für eine solche Beziehung vorhanden sein, damit Gott in ihr und durch sie hindurch das Werk seiner Berufung zum Zuge kommen lassen kann.

Die Transparenz

Die wichtigste Qualität des geistlichen Vaters ist seine Transparenz, seine Durchsichtigkeit auf Gott hin. Was ein Novizenmeister in der Beziehung zu seinem »Schüler« weitergibt, ist »Leben«. Leben wird weitervermittelt durch die So-Beschaffenheit einer Person und diese erweckt Leben im anderen. Ein Begleiter oder Vater ist lebenszeugend durch das, was er ist, nicht durch das, was er weiß, und noch viel weniger durch das, was er zu sagen hat. Nur das, was man ist, lässt sich weitervermitteln. Und dieses So-Sein wird ungewusst und wortlos ausgestrahlt. Es gibt einen Ausspruch aus der jüdischen Tradition der Chassidim, in dem ein Schüler selbst erzählt, dass es ihm genügt zu sehen, wie sein Meister sich den Schuh schnürt, denn so hat er bereits die Botschaft empfangen. Der Führer ist mehr als ein Lehrer; er *ist* die Lehre, er *ist* die Botschaft.

Der geistliche Vater – die Antwort in Person

Wenn es sich um geistliche Leitung und Vaterschaft handelt, dürfen wir nicht vergessen, dass der Sohn oder der Schüler den Vater bzw. den Lehrer macht, nicht etwa umgekehrt. Eine bestimmte Bereitschaft und Offenheit des Sohnes oder Schülers sind notwendig, damit der Vater er selbst sein, damit der Meister erwachen kann. Ein bekanntes Apophthegma sagt: »Warum haben die Altväter heute keine Worte mehr?« Die Antwort lautet: »Weil die Söhne nicht mehr zuhören!« – Ein hinduistischer Spruch sagt: »Wenn der Schüler fertig ist, dann erscheint der Meister.« Und wieder ein anderer Ausspruch lautet: »Der Meister findet den Schüler; such, und du wirst gefunden werden.«

Wer sich in Glauben und Erwartung für das lebenspendende Wunder der Vaterschaft geöffnet hat, der wird nicht enttäuscht werden. Gott selbst wird Wunder wirken, um seine eigene Vaterschaft durch Menschen erfahrbar zu machen. Übrigens besteht schon auf rein menschlicher Ebene eine subtile Wechselbeziehung zwischen Schüler und Meister. C. G. Jung hat das klar analysiert. Jeder von uns hat einen »magister interior« (einen inneren Meister) in sich, wie jeder auch einen »discipulus interior« (einen inneren Schüler) in sich hat. Dem Novizenmeister wird sozusagen seine Rolle durch den »magister interior« des Schülers zugespielt und bestätigt. Und was der Schüler vom Meister verlangt, das trägt er unbewusst schon in sich. Dies gibt sogar zu einem Teil den Ausschlag bei der Wahl des geistlichen Führers, – mit anderen Worten: einer ist für einen ganz bestimmten Meister vorherbestimmt. Und was dieser ihm sagen wird, eventuell auch ohne Worte, das entspringt eigentlich dem Herzen des Schülers selbst, denn er war es, der dies seinen Meister hat spüren und bei ihm hat ans Licht kommen lassen. Dies gilt schon auf rein psychologischer Ebene; es macht deutlich, wie dieser »magister interior« auch mit dem Heiligen Geist zu tun hat, der nach Augustinus unser eigentlicher Lehrmeister ist.

Der Repräsentant des »barmherzigen Vaters«

Der Meister selbst muss in tiefer Verbindung zu Jesus und dem Heiligen Geist stehen. Damit sollen wir nicht zu größerer Hochherzigkeit in unserem Dienst angespornt werden, sondern vielmehr zu größerem Glauben und festerer Überzeugung, dass diese Verbindung in uns eine Realität ist. Wir misstrauen viel zu häufig unserer persönlichen Glaubenserfahrung und unterschätzen sie. Wir haben Mühe, an einen Gott zu glauben, der sich gerade in unserer Schwachheit offenbart; an einen Gott, der in unserer Untreue gegenwärtig ist, selbst in unserer tiefsten Ohnmacht, sogar in der Sünde. Wir wissen zwar theoretisch, dass die erste Gotteserfahrung durch Sünde und Reue hindurch geschenkt wird, aber wir nehmen uns selbst in dieser Hinsicht zu wenig ernst. Die erste Gotteserfahrung, die wir an andere weiterleiten müssen, wird höchstwahrscheinlich aus der Schwäche und aus der Sünde dieses konkreten Novizen hervorgehen. Daher müssen wir auch die Ersten sein, die Gott in der eigenen Schwachheit finden und ihm dort begegnen. Wir glauben vielleicht immer noch zu wenig an diesen ganz anderen Gott. Der beste Heilmeister ist immer noch der verwundete Heilmeister. Wir müssen an die Kraft glauben, die, wie Paulus sagt (2 Kor 12,9), »sich allein in der Schwachheit vollendet«.

2. *Sinn und Ziel der geistlichen Vaterschaft*

Benedikt verlangt vom Novizenmeister, dass er sorgfältig darauf achtet, ob der Kandidat »wahrhaft Gott sucht« (RB 58,7). Es ist die Aufgabe des geistlichen Vaters, in ihm etwas ans Licht zu heben. Im betreffenden Schüler muss etwas geschehen – das Leben des Geistes soll sich in ihm entfalten. Das ist ein langsamer Prozess – eben der Übergang vom alten zum neuen Menschen. Es muss etwas »auf die Welt kommen«: das neue Geschöpf im Heiligen Geist. Das ist die christliche Umschreibung jenes Geschehens, das sozusagen Schritt für Schritt mit der Geburtshilfe des geistlichen Begleiters durchgetragen werden muss.

Die außerchristliche Mystik und die moderne Psychologie kennen ebenfalls eine solche tiefere Wirklichkeit, die in uns freigelegt werden soll. Man spricht davon, dass wir vom oberflächlichen zum tieferen Ich übergehen oder vom kleinen zum großen Ich. C. G. Jung nennt dieses Aufdecken des verborgenen Reichtums in uns die Integration des Unbewussten ins Bewusstsein. Der Psychologie zufolge schlummert in uns eine sehr tiefe Neigung zur Wiedergeburt. In einem Leben, das wächst, wird immer wieder eine neue, tiefere Wirklichkeit frei, so, wie ein Baum in jedem Jahr wieder ausschlägt und neue Frucht ansetzt. Man kann auch sagen: nach und nach wird die eigene Innerlichkeit entdeckt, das eigene tiefste Wesen, die tiefere Wirklichkeit im eigenen Innern. Es erwächst eine größere Empfindsamkeit für geistliche Werte, man bekommt neuen Tiefgang. Es ist eine Sensibilität, die der alte Mensch niemals besessen hat. Man findet sie durch ein inneres Sichloslassen, durch ein Sichhinablassen in die eigene Inwendigkeit und Tiefe, dorthin, wo man die tiefste Wirklichkeit seiner selbst berührt – wo Christus und der Geist in uns wohnen. Daraus erwächst auch ein bestimmtes Bedürfnis nach Beständigkeit und Ruhe.

Diese neue Wirklichkeit, die ein Zeichen echter Vitalität ist, muss in alles Tun und Lassen integriert werden, in alle Möglichkeiten der Liebe. Hier beginnt die Aufgabe der geistlichen Vaterschaft. Es geht hier um einen Prozess, der sich immer durch ein konkretes Medium hindurch vollzieht, durch eine zeichenhafte, sakramentale Wirklichkeit, und der geistliche Vater begleitet diesen Prozess. Er kann vom Wort Gottes ausgelöst werden; er kann sich in der Stille des Gebetes ereignen, etwa beim Anrufen des Namens Jesu. Für einen Zönobiten kann ein solcher Prozess ganz konkret im Gehorsamsvollzug in Gang kommen – Gehorsam verstanden als das Loslassen, das systematische Aufgeben jeglichen Verlangens. Dieser Prozess kann sich auch innerhalb einer menschlichen Beziehung, etwa in der Liebe, vollziehen. Es geht nur darum, dass ein Mensch an die tiefe, innere Grenze seiner selbst gebracht wird, wo er sich preisgibt um einer größeren Wirklichkeit willen. Diese innere Wirklichkeit haben wir nicht in der Hand, sie ist unserem Zugriff entzogen. Wir können lediglich darauf warten, Ausschau danach halten und aufmerksam dafür sein. Diese tiefere Wirklichkeit ist zwar von vornherein da und in uns angelegt, wir müssen jedoch lernen, sie zu entdecken. Es muss dann immerhin noch ein Weg zurückgelegt, ein Stein gehoben werden, ehe dieser innere Lebensquell anfangen kann zu fließen. Genau das ist es, was in der geistlichen Begleitung geschehen muss.

Thomas Merton hat einmal die geistliche Begleitung als einen Weg charakterisiert, der dahin führt, »vollständig geboren zu werden« (»fully born«). In einer seiner letzten Abhandlungen beschreibt er, inspiriert durch die Gedanken eines persischen Psychiaters, den Weg des Mönches als die endgültige Integration, als eine Art Therapie, die zu einer tieferen Reife und zu einer tieferen Weisheit führt. Er sagt unter anderem: »Einer, der ›fully born‹ ist, lebt ganz aus seiner inneren Erfahrung. Er fühlt, dass er aus seinem tiefsten Innern lebt, und dieses Innere ist viel umfassender als das empirische Ich von außen.« Er wird dann geführt, nicht durch seinen Willen und nicht durch seinen Verstand, sondern durch ein spontanes Verhalten (by spontaneous behavior).

Was Thomas Merton hier anspricht, findet man auch bei Benedikt wieder. In seiner Regel kommen einige Abschnitte vor, die denselben Übergang von der einen in die andere Haltung beschreiben. Am Ende des Prologs (47–48) sagt Benedikt: »Sollten Vernunft und Billigkeit zur Besserung von Fehlern und zur Bewahrung der Liebe da und dort etwas strengere Anforderungen stellen, so verlass nicht gleich voll Angst und Schrecken den Weg des Heils, der am Anfang nun einmal nicht anders als eng und steil sein kann.« Die erste Phase ist also eng, mühsam, schwer und hart. Doch: »Sobald man im klösterlichen Leben und im Glauben Fortschritte macht, weitet sich das Herz, und man eilt den Weg der Gebote Gottes in unsagbarer Freude der Liebe.« Die zweite Phase – inzwischen ist etwas »passiert« – ist dann leichter: man macht Fortschritte, eilt voran, mit weit gewordenem Herzen und in der unaussprechlichen Freude der Liebe.

Noch deutlicher geht das aus einem anderen Abschnitt hervor, aus dem Schluss des siebten Kapitels über die Demut. Benedikt hält sich hier an die Magisterregel, indirekt auch an Cassian, bei dem der Übergang von der Furcht zur Liebe eine große Rolle spielt. »Hat nun der Mönch all diese Stufen der Demut erstiegen, dann gelangt er bald zu jener Gottesliebe, die vollkommen ist und die Furcht austreibt. In der Kraft dieser Liebe beginnt er, alle Vorschriften, die er bisher nur aus Angst beobachtete, jetzt ohne Mühe, infolge der Gewöhnung wie von selbst zu erfüllen, nicht mehr aus Furcht vor der Hölle, sondern aus Liebe zu Christus, und weil das Gute ihm zur Gewohnheit, die Tugend zur Freude geworden ist.« (RB 7,67–69) »Ohne Mühe« – »sine labore« – heißt es im Text und »labor« ist hier die Bezeichnung für Aszese, für alles, was im monastischen Leben mühsam und hart ist – ohne Mühe also und gleichsam wie von selbst, aus guter Gewöhnung – »velut naturaliter«. Es ist zur zweiten Natur geworden oder, wie Thomas Merton sagt: »spontaneous behavior« – zu einer inneren, spontanen Haltung. Es ist also etwas geschehen: die wahren, tieferen Schichten sind aufgedeckt worden. Der Mensch fühlt sich befreit, er hat Freude an der Tugend (delectatione virtutum). Und Benedikt beschließt diesen Abschnitt bezeichnenderweise mit einem Gebet: »Dies möge der Herr an seinem Arbeiter, der frei geworden ist von Fehlern und Sünden, huldvoll offenbar machen.« (RB 7,70) In diesem Gebet erreicht die Sorge des geistlichen Vaters ihren Höhepunkt.

Benedikt hat in diesem didaktischen (lehrreichen) Text den Übergang von der Furcht zur Liebe allerdings etwas schematisiert. Im konkreten Leben sind die einzelnen Phasen nicht so scharf gegeneinander abgegrenzt. In mancher Hinsicht herrscht noch die Furcht vor, während in anderer schon die Liebe bestimmend ist. Soweit sich die Furcht (noch) Geltung verschaffen kann, leben wir noch nicht das Leben des Geistes. Unser Gottesbild ist dann noch teilweise falsch. Anstelle des wahren, lebendigen Gottes, der uns rettet, uns vergibt, uns annimmt und umwandelt, ist Gott noch zum Teil ein »Abgott«, nämlich die Projektion unserer eigenen Bedürfnisse und Wünsche. Auf solche Anzeichen wird der geistliche Begleiter ein Augenmerk haben müssen. Daher sollen nachfolgend einige »Abgötter« skizziert werden, mit denen man heute in der Praxis geistlicher Begleitung oft konfrontiert wird.

Befreiung vom Abgott des Über-Ichs

Der erste typische »Abgott«, dem man in der geistlichen Begleitung vielfach begegnet, ist jener Gott, der nicht der innere Meister (magister interior) des Schülers ist, sondern lediglich dessen innerer Polizist. Solch eine zwanghafte und bedrohende innere Autoritätsinstanz spielt bei vielen eine wichtige Rolle.

Dieser innere Zensor ist eine unbewusste Kristallisation aller Spuren, die die Autorität im Leben des Menschen zurückgelassen hat. Hier zentriert sich gleichsam der Widerhall der Gebote und Verbote, der Befehle, die man früher erhalten hat, der Strafe, die einem auferlegt, der Schuld, die einem zur Last gelegt wurde. Dies alles verweist auf die Vaterfigur, das heißt auf den Vater selbst und auf alle, die ihm bei der Erziehung zur Seite standen oder nachfolgten. Nahezu alles, was im Leben mit Tugendhaftigkeit oder äußerer Korrektur zu tun hat, wird unbewusst durch diese innere Zensur kontrolliert. Von hier aus ergehen dann Verbote und Verhinderungen, hier haben Missgeschicke, Bedrohungen und Ängste ihren Ursprung, von hier aus werden Strafen und Schläge erteilt, hier Schuld- und Schamgefühle ausgelöst.

Die Gefahr, in die der geistliche Führer bei der Begleitung nun geraten kann, ist die, dass er versucht ist, auf diese innere Autoritätsinstanz einzugehen, statt den »magister interior« zu wecken und – über diese psychologische Wirklichkeit hinaus – die Leitung dem Heiligen Geist zu überlassen, der an der Quelle der tiefsten Freiheit des Schülers steht. Wenn der geistliche Führer sich unbewusst identifiziert mit dem ebenfalls unbewussten Über-Ich, dann wird er nicht befreiend wirken und Leben weitergeben, sondern im Gegenteil: er wirkt lähmend und zerstörend. Der innere Zensor schneidet nämlich das Leben ab und vernichtet es, während der innere Meister – und durch ihn hindurch vor allem der Heilige Geist – lebensspendend ist. Selbst da, wo der Begleiter ernsthaft versucht, Freiheit zu vermitteln, steht er der Befreiung seines Schülers nur im Wege, solange er sich durch ein moralisierendes Auftreten zum Werkzeug und Vertreter der inneren Autoritätsinstanz macht. Auch wenn der geistliche Begleiter ermutigt und sogar ausdrücklich nicht tadelt oder missbilligt, bleibt er in den Augen seines Schülers identisch mit dem ihn versklavenden inneren Richter, solange er mit diesem etwas Gemeinsames hat. Jeder kennt den typischen Skrupulanten, der ganz und gar unter der Knute seines Über-Ichs lebt, das ihn fortwährend befunkt: »Du bist schuldig ..., du darfst nicht ..., du müsstest eigentlich ...«

Einem solch skrupulösen Menschen hilft man nicht wirklich, wenn man ihn beschwichtigt: »Das war keine Sünde ..., das geschah nicht in voller Freiheit ...« und so weiter. Wenn man ihm auf diese Weise zuredet, übernimmt man die Rolle seines inneren Zensors und dessen moralisch bewertende Funktion. Zwar verurteilt man ihn nicht, man spricht ihn sogar frei, aber diese Befreiung ist nur von kurzer Dauer. Man hat nämlich auf derselben autoritären Wellenlänge zu ihm gesprochen, wie es sein innerer Richter gewöhnlich tut. Sobald man sich abgekehrt hat, übernimmt diese Instanz wieder ihre Rolle. Und das Unglück ist so groß wie zuvor.

Aber wie soll man einen solchen Menschen anfassen? Die einzige Weise, die ihm vielleicht helfen könnte, wäre die, den inwendigen Richter energisch auszuschalten, ihm – bildlich gesprochen – den Hals umzudrehen. Doch wie geschieht das? Es setzt an erster Stelle voraus, dass man von einer guten affektiven Bindung ausgeht. Man muss, wie Benedikt es nennt, »die Kunst verstehen, Seelen zu gewinnen« (RB 58,6). Der Skrupulant ist schließlich ein Mensch, der von der Last einer affektiven Beziehung niedergedrückt wird, die ihn in ihrer Gewalt hat und unfrei macht. Diese Beziehung stellt eine der stärksten affektiven Bindungen dar. Es muss daher zwischen ihm und seinem geistlichen Begleiter ein neues Vertrauensverhältnis wachsen, das so stark ist, dass es der Machtposition der inneren Autoritätsinstanz ganz und gar gewachsen ist.

An zweiter Stelle muss alles ins Werk gesetzt werden, um diese unbewusste Instanz zu entthronen. Man muss dem Feind zu Leibe rücken und ihm den Todesstoß versetzen, denn er drosselt in diesem Menschen die Quelle seiner Freiheit ab. Negativ heißt das: man darf niemals auf sein Spiel eingehen, niemals seine Sprache übernehmen oder seinen Wortschatz gebrauchen. Seine Mechanismen müssen stillgelegt werden. Nicht vorgehen wie die unbewusste Autoritätsinstanz, nämlich: Schuldbewusstsein wecken, Angst einflößen und Strafe androhen. Aber ebenso wenig begütigen und beschwichtigen, solange man in einem Vorgesetztenverhältnis zu ihm steht. Dann bestärkt man ihn nur in seinen früheren Erfahrungen, die ihn unfrei gemacht und festgehalten haben. Was, positiv ausgedrückt, diesen Todesstoß ausmacht, lässt sich einfach nicht beschreiben. Der innere Richter wird ausgeschaltet und vernichtet. Doch das geschieht im Vollzug des (konkreten) Lebens. Es geschieht, indem man mit dem anderen lebt. Das Leben, das einer in sich trägt, hat selbst diese befreiende Kraft und Wirkung. Daran müssen wir glauben. Auf diese Weise wird all das Positive, das im Innern keimt oder noch verborgen ist, bestärkt und befreit, bis in die Skrupel, ja bis in das Böse selbst hinein. Das Böse ist ja das Gute, das in sich verknotet ist. Und die Kunst des geistlichen Vaters besteht darin, seine Liebe so erfahrbar werden zu lassen, dass sich in eben dieser Liebe der Knoten entwirrt. Ist der Knoten dann einmal gelöst, dann ist auch das Böse entmachtet und an seiner Stelle kann das Leben wieder weiterströmen.

Was hier geschieht – eben der Todesstoß für die alles verzerrende Macht –, ist letztlich das Werk der göttlichen Kraft in uns. Es ist das Wort Gottes, der Geist Gottes, es ist Gottes Barmherzigkeit, die solches durch uns zustande bringt. Und hier stoßen wir auf den echten Pénthos, die echte Reue. Nichts ist so befreiend, so zutiefst bestätigend wie die echte Reue. Sie hat nichts zu tun mit den Schuldgefühlen, die der innere Zensor auslöst. Schuldgefühle und Sündenbewusstsein sind zweierlei. Bei der echten Reue weiß man sich in Liebe und Dankbarkeit angenommen, auch und gerade trotz aller Schwächen und Sünden. Darum sind Tränen der Reue zugleich auch die Tränen der Wiedergeburt, eines völligen Geborenwerdens. Man begreift plötzlich: man darf mit all seinen Schwächen vor der Liebe Gottes bestehen und in dieser Schwäche kommt Gottes Kraft zum Zuge.

Wenn die inwendige Kontrollinstanz einmal aus dem Weg geräumt ist – doch das geschieht nicht einfach so, nicht in einem Gespräch, es ist ein Lebensprozess – , dann übernimmt der geistliche Begleiter oder besser: dann übernimmt der Heilige Geist sehr bald die Führung. Denn hier ist nun die Stelle, wo das echte christliche Gewissen gebildet wird. »Jene, die geleitet werden durch den Geist Gottes, sind Kinder Gottes.« (Röm 8,14)

Befreiung vom Abgott des eigenen Spiegelbildes

Wie es einen Abgott gibt, der auf diese oder jene Weise die Projektion unserer eigenen Ängste ist, so gibt es auch einen Abgott, der in uns hineinprojiziert wird durch unsere Bedürfnisse. Es ist der Abgott unseres eigenen Spiegelbildes. Es ist der Gott nach meinem Bild und Gleichnis statt umgekehrt.

Der Begriff des Spiegelbildes ist von dem Franzosen Lacan in die moderne Psychologie eingeführt worden, in Belgien findet man ihn unter anderem bei Professor Vergote. Sein Urbild erhielt er in der Antike durch den Mythos des Narziss, der sich in sein eigenes Spiegelbild verliebte. Das Bild seiner selbst erlebt man oft schöner als die Wirklichkeit. Es kann zu einem Abgott werden, wenn ein Mensch es zu seinem höchsten geistlichen und menschlichen Ideal hochschraubt. Man will der werden, der man nicht ist, und weigert sich, der zu sein, der man eigentlich ist. Bei allem Tun und Lassen wirft man immer einen verstohlenen Blick seitwärts auf das überidealisierte Bild seiner selbst, das sich unbewusst zu einer Gottheit ausgewachsen hat. In einem solchen Fall wird es darauf ankommen, dass einer lernt, sich auszusöhnen – nicht mit einem Ideal, sondern mit der Wirklichkeit, und das bedeutet: auch mit aller Begrenztheit, mit aller Schwachheit, eventuell mit Gespaltenheit, Zweideutigkeit (Doppeldeutigkeit?), und Sündhaftigkeit. Er muss seine Identität finden mit dieser konkreten Wirklichkeit, nicht mit seinem eigenen Spiegelbild.

Wenn jemand das Bild, das er von sich selbst hat, stark idealisiert, dann verzerrt das sein gesamtes Tun und Lassen. So heißt es in einem Apophthegma von Abt Antonius: »Solange wir uns bewusst sind, dass wir beten, beten wir nicht wirklich.« Antonius wusste offenbar, dass Beten heißt überwältigt werden von innen her und nicht: sich abstimmen auf das eigene Spiegelbild. Das gilt für das gesamte geistliche Leben. Es ist darum wichtig, dass der geistliche Vater um die Gefahr weiß, die ihm in seiner begleitenden Funktion drohen kann: das Spiegelbild im anderen noch zu verstärken, statt es zu vernichten. Das kann zum Beispiel geschehen, wenn er seinen Schüler mit Lob überschüttet, sobald er irgendwo Erfolg hat, oder ihn tadelt, sobald ihm etwas misslingt. Bei allem, was er bemerkt und beobachtet, kann er von dem unbewussten Spiegelbild des anderen ausgehen, denn dieses Bild wird vom anderen, ohne es zu wissen, auch auf den geistlichen Begleiter übertragen. Ehe er sich versieht, wird es ihm dargeboten und er geht darauf ein. Die Pädagogik Gottes ist ganz anders. Sie wird alles ins Werk setzen, um dieses Spiegelbild zu zertrümmern. Ähnlich muss auch der geistliche Vater vorgehen. Er muss einfach zusehen, ob er Saulus nicht vom Pferd fallen sieht, denn das ist der bedeutsame Augenblick, in dem der alte pharisäische Spiegel zerspringt. Wenn man bereits lange Zeit von diesem Spiegel her gelebt hat, dann ist das eine zutiefst erschütternde Erfahrung. Auch das sieht man bei Paulus. Man verliert jeglichen Halt. Man ist erschüttert bis ins Mark. Jemand mit einer schwachen psychischen Struktur kann dabei, wenn sein Ich leicht aus der Bahn zu werfen ist, an einen Punkt gelangen, wo er wahnsinnig wird. So weit kommt es glücklicherweise meist nicht, denn eben diese Gefahr wird in der Tat letztlich gebannt durch die Selbstoffenbarung des barmherzigen und rettenden Gottes. Der Begleiter fördert die Begegnung mit dem sich erbarmenden Gott, oder besser: er ist selbst das Zeichen dafür – das Sakrament. Ist dann das Spiegelbild einmal zertrümmert, dann ist der Weg frei für den ganz Anderen. Und in Ihm, dem wahren Gott, findet er irgendwo auch das tiefste Geheimnis des eigenen Lebens. Dort vermag er die tiefsten Tiefen seiner selbst zu entdecken, die er in seinem Spiegelbild niemals gefunden hätte. Es ist von großer Bedeutung, dass der Schüler in einem solchen Augenblick der Krisis seinem geistlichen Vater begegnen kann, der ja der Kanal für Gottes heilende Kraft ist. An diesem anderen, an seinem Wort, an seinem Blick, an seiner Liebe wird er zu sich selbst kommen. Er braucht ihn, nicht um in diesem anderen Menschen aufzugehen, sondern um durch ihn aufgenommen und bestärkt zu werden in seinem Tiefsten, in seinem Besten, in seiner wahren Identität. In einem solchen Moment kann ein einziges Wort, das in wirklicher Liebe ausgesprochen wird, vollauf genügen. Darin kristallisiert sich die Qualität der Beziehung aus, von der eingangs die Rede war. So vermag ein einfaches Menschenwort wahrhaft schöpferisch und lebensspendend zu sein. Wie das Wort Gottes erweckt es einen neuen Menschen.

Der wahre Gott für einen freien Menschen

Der geistliche Vater soll nach Benedikt sorgfältig darauf achten, ob der Novize »wahrhaft Gott sucht« (»si vere Deum quaerit« – RB 58,7). Darin liegt aber eine zweite Forderung, dass er »den wahren Gott sucht« (»si verum Deum quaerit«). Wie aus dem Vorhergehenden deutlich geworden sein mag, geht es darum, dass er nicht einem falschen Gott nachläuft, dessen Bild er in seinem Innern trägt. Er muss den wahren Gott suchen, der den Menschen in der Begegnung mit sich frei macht. Der geistliche Vater muss diesen Gott kennen und ein Gespür haben für echte Freiheit. Freiheit ist das Spiegelbild Gottes in einem Menschen.

Er muss intuitiv erfassen können, was in seinem Gegenüber vorgeht: wo dieser andere in Sklaverei geraten ist, wo er dabei ist zuzuwachsen, trotz äußerer Frömmigkeit und Tugendhaftigkeit. Besonders ist darauf zu achten, ob einer unter dem Diktat einer inneren Kontrollinstanz oder unter der Autorität seines eigenen Spiegelbildes steht. Hier bedarf es der Unterscheidung der Geister, der Diakrisis. Der wahre Gott ist nicht derjenige, auf den es unsere Überzeugung und unser Edelmut angelegt haben, sondern der Gott – wie Ruusbroec es so treffend ausdrückt – , der von »innen nach außen« auf uns zukommt, das heißt der Gott, den man in seinem tiefsten Innern entdeckt.

Der geistliche Vater muss die Symptome der Unfreiheit im Menschen erkennen. Ganz allgemein lässt sich sagen, dass der unfreie Mensch innerlich gespalten ist, und diesem Typus begegnen wir heutzutage recht häufig. Bei diesem Menschen sind die sozialen Beziehungen vordergründig stark geprägt durch den Verstand und den Willen, durch Willenskraft und Edelmut; und dies wird vielfach als Zeichen des Glaubens und einer übernatürlichen Einstellung gedeutet. Zurückgedrängt und oftmals zum Schweigen gebracht, unterdrückt oder unter strenger Kontrolle gehalten werden andererseits die vitalen Kräfte, die gerade »Leben« weitergeben sollten. Sie sind verdächtig, man misstraut ihnen; da gibt es, nie ganz klar ausgesprochen, Mutmaßungen, die schwer ins Gewicht fallen. Einige dieser Vitalkräfte seien genannt: Zärtlichkeit und Liebe, häufig verwechselt mit Sinnlichkeit; Entschluss- und Tatkraft, verwechselt mit Lieblosigkeit; Zielstrebigkeit, verwechselt mit Härte; Schönheitssinn, verwechselt mit überflüssigem Luxus; Selbstbewusstsein und Selbstvertrauen, verwechselt mit Hochmut.

Bei den hier aufgezählten Werten handelt es sich um tief menschliche Qualitäten, die für das Gottesreich in Dienst genommen werden sollten. Es sind Bedürfnisse des Menschen, die im Reich Gottes unentbehrlich sind. Sie brauchen also nicht hinter Schloss und Riegel gehalten zu werden, sie sollten vielmehr herausgelassen werden zur Läuterung und Reinigung. Im allgemeinen werden sie jedoch zurückgehalten und nicht in ihrem positiven Wert erkannt, in ihrer Möglichkeit, hineingenommen zu werden in die Dynamik des Heiligen Geistes, der sie ausweitet und entfaltet in seine eigene Liebeskraft hinein.

Das also ist das Bild des innerlich gespaltenen Menschen, der uns oft genug begegnet. Diese innere Gespaltenheit ist für den Betroffenen selbst eine schwere Belastung, denn sie ist verbunden mit einer gewaltigen Energievergeudung, die in ihm vorgeht. Er muss viele Kräfte investieren, um all das in den Hintergrund abzudrängen. Sofern sein

Ich und seine psychische Struktur schwach sind, kann das sogar gefährlich werden. Aber meistens lebt ein solcher Mensch »friedlich« weiter mit einem abgestumpften Gemüt. Er verschließt sich weitgehend für die Liebe, vor allem: er schließt sich in etwas anderem ein.

Es gibt eine Reihe sich gleichender Verhaltensweisen, die eine Absicherung gegen die Forderungen der echten Liebe darstellen. Wir nennen einige Symptome, die darauf hinweisen, dass jemand nicht identisch ist mit seinem tieferen Ich, nicht aus seiner tiefsten Lebensquelle lebt. So sind zum Beispiel bestimmte Formen von Fanatismus – äußerst rechts oder äußerst links, sehr progressiv oder sehr konservativ, sehr monastisch oder sehr säkularisiert – lediglich andere Bezeichnungen für das idealisierte Bild, das jemand von sich selbst hat, oder für die Knute des Über-Ichs. Auch Krankheit oder chronische Müdigkeit können ein Zeichen dafür sein, dass jemand unter einer zu großen Spannung lebt. Auch die typische, zum Beispiel sehr geschäftige Art und Weise, wie man Aufgaben, die man sich selbst auferlegt oder auferlegt bekommt, durchführt (Mönche haben manchmal mehr zu tun als der Papst), dann gewisse Formen des Aktivismus – die Unfähigkeit, etwas abzusagen, mit der Arbeit aufzuhören, Ruhe zu halten oder beizeiten schlafen zu gehen – sind meistens Symptome innerer Spannung. Auch gibt es Formen, die das Leben ritualisieren und damit absichern. Was Letzteres angeht, so möge der Novizenmeister aufmerksam sein für kleine Dinge und sich angelegentlich erkundigen nach dem Sinn bestimmter Einzelheiten, so zum Beispiel, wenn sich jemand viermal täglich die Zähne putzt.

Für derartige Gewohnheiten haben die Mitbrüder meist ein scharfes Auge. Man kann zum Beispiel hören: »Wenn man ihm diese Aufgabe abnimmt, so bedeutet das den Tod für ihn.« Oder wenn jemand krank ist: »Wenn der gesund wird, bringt es ihn um.« Oder: »Wenn der Arzt ihm die Medikamente abnähme, dann würde er krank.« Was bedeuten solche Symptome? Sie lassen diesen Menschen die Möglichkeit, auf sehr schmaler Basis zu überleben. In Frankreich sagt man von jemandem, der außergewöhnlich tugendhaft ist: »Il est un dragrondre de vertu!« Er ist ein Tugenddragoner. Oder von jemandem, der in übermäßiger Arbeit ertrinkt: »Il est un bourreau des travail.« Er richtet sich mit Arbeit zugrunde. Oder von jemandem, der sich abrackert: »Il se tue au travail.« Er bringt sich um vor Arbeit. Man ist versucht zu fragen, wer hier das Opfer ist und wer der Henker. Wenn von einem Mönch, der sich strikt an die Observanz hält, gesagt wird, dass er »eine lebende Regel« ist, so mag das Respekt verdienen. Aber vermutlich besteht eher Grund, besorgt zu fragen, ob außer dieser »lebenden Regel« noch etwas anderes in ihm lebt. Vielleicht soll nur mit anderen Worten gesagt werden, dass er im übrigen tot ist. Äußerlich betrachtet mag solch ein Lebensstil in gewissem Sinn noch befriedigen. Vielleicht erntet man gelegentlich sogar einen kleinen Applaus oder eine zustimmende Bemerkung.

In Wirklichkeit aber wird hier das Leben abgedrosselt. Solche Menschen reifen nicht aus in ein ganzheitliches, erwachsenes Menschsein. Sie sind im Grunde auch nicht wirklich zufrieden und im tiefsten glücklich. Ihre Egozentrik ist einfach zu stark. Sie sind in ihren Beziehungen nicht wirklich offen und zu absichtslosem Tun kaum fähig. Vielleicht sind sie Helden (und Schlachtopfer) ihrer Pflicht, aber Leben geben sie nicht weiter. Sie sind steril und kaum imstande zu überleben. Sie brauchen ihre ganze Energie, um den Prozess in Gang zu halten, und nur der Tod wird sie davon befreien können.

3. *Väterliche und mütterliche Elemente in der geistlichen Begleitung*

Sowohl in den Paulusbriefen als auch in der Benediktusregel wird die geistliche Begleitung oft in Begriffen und Bildern beschrieben, die einmal typisch väterlich, ein anderes Mal typisch mütterlich sind. So ist die konkrete Sorge für das neue Leben eine Ausfaltung der umfassenden Zuwendung Gottes, der für die Menschenkinder zugleich Vater und Mutter ist. Da diese Werte psychologisch so bedeutsam sind, seien sie hier der größeren Klarheit wegen kurz schematisiert – mit der Bitte um Nachsicht ob der Vereinfachung.

Die mütterliche Haltung ist: in Liebe aufnehmen, zuhören können, Verständnis aufbringen, nicht eingreifen, geduldig sein, den anderen so sein lassen wie er ist, trösten, Mut zusprechen, hegen und pflegen. Dies alles ist in der Erziehung zunächst eine Notwendigkeit, aber dabei darf es nicht bleiben. Man würde, an die Mutter gelehnt, einschlafen – das kann auch im geistlichen Sinn geschehen –, wenn von dem Gegenüber kein Wort kommt. Dieses Gegenüber wird durch den ergänzenden Wert des Väterlichen verkörpert. Der Vater schreitet ein, bringt etwas zum Durchbruch, entbindet, bietet Widerstand, deutet einen Weg an, verweist auf die Pflicht, gibt einen Klaps auf die Finger, übt Zurechtweisung, tritt strafend auf, öffnet die Zukunft, stellt Aufgaben, legt einen Beruf nahe, spricht den Namen aus; Letzteres auch im übertragenen Sinn: er vermittelt die Identität. An

Vaters Schulter schläft man nicht ein, man misst sich mit ihm (das gilt besonders für Jungen), man ahmt den Vater nach, versucht, seinen Platz einzunehmen oder gar ihn zu übertreffen. Es besser machen zu wollen als der Vater ist in gewissen Lebensphasen dringend notwendig (das kann auch für das monastische Leben gelten).

Es ist gut, wenn der geistliche Begleiter diese Qualitäten und Haltungen nicht nur erkennt, sondern wenn er auch weiß, wo seine eigenen Gaben und Mängel liegen und wo er daher der Ergänzung bedarf. Er sollte darum wissen, ob er eher dazu neigt, wie ein Vater aufzutreten, oder mehr dazu, die mütterliche Rolle zu übernehmen. In dem Maße, wie er mehr vom Väterlichen her bestimmt ist, wird wahrscheinlich die mütterliche Seite bei ihm zu kurz kommen. Gerade weil diese Werte einander ergänzen, ist die starke Seite eines Menschen in anderer Hinsicht oft seine Schwäche. Eine solche Veranlagung hängt natürlich auch mit unserem Mann- oder Frausein zusammen. Dennoch können Männer eine sehr ausgeprägte weibliche Seite haben und umgekehrt Frauen einen »aufgebesserten« männlichen Pol. Das kommt in unseren zölibatären Lebensformen ziemlich häufig vor und bedeutet keine Gefahr, sondern eine Möglichkeit, die es auszunutzen gilt. Wir Menschen haben beide Seiten in uns und von den unausgesprochenen Bedürfnissen des Schülers hängt es ab, inwieweit sich jemand als geistlicher Begleiter für ihn eignet. Es ist gut, wenn man durchschaut, ob einer mehr an die väterliche oder mehr an unsere mütterliche Seite appelliert. Das kann von Person zu Person verschieden sein. Es ist auch nicht gesagt, dass man dem Bedürfnis in jedem Fall entsprechen soll. Jemand kann darauf bestehen, in mütterlicher Weise auf- und angenommen zu werden, weil er den Vater nicht als sein Gegenüber erträgt. In einem solchen Fall ist es wahrscheinlich ratsam zu versuchen, durch das eigene Verhalten diese Beziehung wieder zu ermöglichen.

In einer normalen Erziehung ist sowohl das mütterliche als auch das väterliche Element notwendig, wenn wahrhaft Leben weitergegeben werden soll. Es gibt auch eine gewisse Gesetzmäßigkeit in diesen Verhaltensweisen. Zunächst besteht wohl meist ein größeres Bedürfnis nach mütterlicher Annahme: man möchte angehört werden, sich aussprechen können und Zeit bekommen, um sich wirklich als angenommen zu erfahren. Ein warmes, vertrauensvolles Band muss geschaffen werden. Aber auch diese, durch Mütterlichkeit bestimmte Beziehung kann nur fruchtbar sein, wenn im gegebenen Moment ein anderes Element hinzukommt, das wiederum mit dem Vater zu tun hat: der Begleiter muss eine gewisse Distanz schaffen, die einen Raum der Freiheit ermöglicht zwischen ihm selbst und dem Schüler. »Liebe auf Distanz« könnte man es nennen. In dem Augenblick, wo dieses Abstandnehmen versucht wird, bricht der Jüngere wahrscheinlich in Klagen und Jammern aus. Er bettelt erneut um Aufmerksamkeit. Er muss dann spüren, dass die Liebe keineswegs aufgekündigt wird, aber dass er trotzdem lernen muss, auf eigenen Beinen zu stehen. Er wird auf seine eigene Verantwortlichkeit zurückgewiesen. So muss der geistliche Begleiter immer wieder versuchen, sich den wechselnden Bedürfnissen des ihm Anvertrauten jeweils neu anzupassen im Laufe der einzelnen Entwicklungsphasen.

Indessen bleibt es eine offene Frage, ob ein einzelner Mensch in der Lage ist, in seiner Eigenschaft als geistlicher Begleiter sowohl Zeichen und Sakrament von Gottes Vaterschaft als auch Gottes Mutterschaft zu sein. Wahrscheinlich ist auf diese Frage gar keine allgemein gültige Antwort zu geben. Was im Hinblick auf eine Person geraten scheint, davon ist vielleicht im Hinblick auf eine andere abzuraten. In bestimmten konkreten Fällen kann es notwendig sein, die Hilfe eines Dritten einzuschalten. Wenn der geistliche Begleiter sich zu stark mit einer der beiden Rollen identifiziert oder wenn der Schüler zu stark an die eine oder andere Seite seines Führers appelliert, dann ist es gelegentlich nötig, ein Dreier-Verhältnis einzugehen. Dieser Dritte kann zum Beispiel das väterliche Element einbringen, wo der gewohnte Begleiter leicht dazu neigt, mütterlich aufzutreten und auf diese Weise den Schüler zu stark an sich zu binden. Die Gemeinschaft einer Abtei bietet für ein derartiges Zusammenspiel ziemlich günstige Voraussetzungen, da neben dem Novizenmeister zum Beispiel der Beichtvater oder der Abt als Dritter eingeschaltet werden kann. Er springt dann gelegentlich ein, um die gewohnte Beziehung zwischen dem Schüler und dem Novizenmeister fruchtbarer zu gestalten.

Besondere Aufmerksamkeit verdient auch jene Problematik, die dadurch entsteht, dass die Vater- oder Mutterrolle während der Erziehung verkehrt gespielt wurde. Wenn die Mutter gefehlt hat, besteht oft eine Unfähigkeit, Liebe zu erfahren. Diese tiefe Gefühllosigkeit äußert sich dann auch im Gebet. Man ist nicht imstande, Gott als Wärme oder als Trost zu empfinden.

Es gibt aber auch Menschen, die eine viel zu starke Mutter-Erfahrung haben. Ihnen wurde zu viel Aufmerksamkeit, zu viel Liebe geschenkt und bei ihnen hat der Vater zu sehr gefehlt. Solche »Mutterkinder« suchen unaufhörlich die mütterliche Wärme, aber sie drohen andererseits in der empfangenen Zärtlichkeit zu ersticken. Sie haben Abstand nötig: eine ausgeprägte Vaterfigur, die sie von der unbewussten Mutter befreit. Man kann aber auch gelähmt sein durch eine zu energisch auftretende Mutterfigur – die so genannte »Stiefmutter«. Auch hier kann nur eine starke Vaterfigur Befreiung bringen.

Was heutzutage im Allgemeinen häufiger vorkommt, ist das Fehlen der Vaterfigur; dies äußert sich dann oft durch einen Mangel an Ich-Stärke und Identität. Solche Menschen sind unsicher, wer sie sind, was sie tun müssen, was ihre Berufung ist. Oft fehlt ihnen genügend Vertrauen auf die eigenen Möglichkeiten. Sie haben kein Rückgrat, keine Standfestigkeit (Stabilität), keine Linie in ihrem Leben. – Die Vaterfigur kann aber auch zu dominierend gewesen sein, sodass sie erdrückend und lähmend erfahren wurde. Diese Menschen haben dann gewöhnlich sehr viele Schwierigkeiten mit der Autorität, auf die sie meist mit Aggressivität reagieren. An dritter Stelle gibt es den zu schwachen Vater, der, wie der Volksmund sagt, das Kind verwöhnt, »verzogen« hat. Solchen Menschen mangelt es an Widerstandsvermögen, sie haben zu wenig Kraft, sie sind zu wenig widerstandsfähig.

Die Frage ist, ob all diese Fehlformen und Mängel durch den geistlichen Begleiter aufgefangen und gerade gebogen werden können. In jedem Fall wird er damit konfrontiert. Diese jungen Menschen sind nun einmal dadurch gezeichnet. Nichts wird gelöst, wenn man sagt: die Schwierigkeiten müssen sie auf übernatürlichem Wege durch den Glauben überwinden. Das Übernatürliche geht nämlich immer Hand in Hand mit dem Natürlichen, oder besser: es geht mitten hindurch. Ob wir nun als Begleiter bewusst daran arbeiten oder nicht, unsere Beziehung hat immer ihre Auswirkung. In dem Maße, wie wir uns an diese Menschen hingeben können, vollzieht Gott an ihnen sein befreiendes Werk. In der natürlichen Beziehung zu seinen Schülern tritt der geistliche Vater als Zeichen und Sakrament von Gottes Liebe auf. In dem Maße, wie er sich für diese Menschen einsetzt, ohne sich abzusichern mit übernatürlichen Ausflüchten, geschehen in der geistlichen Begleitung umwandelnde Dinge.

Aus der Liebe, die wir im Namen Gottes, im Namen Christi diesen unausgewachsenen Menschen erfahrbar zu machen suchen, wird jemand wiedergeboren zu einem freieren, erwachseneren Menschen, der sich öffnen kann für Gottes Güte.

Textnachweis

Der vorliegende Band ist eine überarbeitete und erweiterte Auflage des Buches Meinrad Dufner/André Louf, Geistliche Vaterschaft (Münsterschwarzacher Kleinschriften 26), Münsterschwarzach 1984. Dabei blieb der Text von André Louf unbearbeitet. Der von Meinrad Dufner geschriebene Teil wurde um einzelne Textstellen erweitert. Der Abschnitt »Beten, wenn ich nicht bete« (S. 28) ist bereits erschienen in: *Wunibald Müller/Anselm Grün/Henri J. M. Nouwen u.a., Sammle deine Kraft. Spirituelle und therapeutische Erfahrungen, Münsterschwarzach 2001, S. 99–102.*

Die Lebenskunst der Klöster

Münsterschwarzacher Kleinschriften

1	Anselm Grün, **Gebet und Selbsterkenntnis**	1979/2002
3	F. Ruppert/A. Grün, **Christus im Bruder**	1979/2004
6	Anselm Grün, **Der Umgang mit dem Bösen**	1980/2001
7	Anselm Grün, **Benedikt von Nursia**	1979/2004
11	Anselm Grün, **Der Anspruch des Schweigens**	1980/2003
13	A. Grün, **Lebensmitte als geistliche Aufgabe**	1980/2001
17	F. Ruppert/A. Grün, **Bete und Arbeite**	1982/2003
18	Jean Lafrance, **Der Schrei des Gebetes**	1983
19	Anselm Grün, **Einreden**	1983/2001
22	Anselm Grün, **Auf dem Wege**	1983/2002
23	Anselm Grün, **Fasten**	1984/2001
25	Guido Kreppold, **Die Bibel als Heilungsbuch**	1985/2004
26	M. Dufner/A. Louf, **Geistl. Begleitung i. Alltag**	1985/2006
28	M. W. Schmidt, **Christus finden i. d. Menschen**	1985
29	Grün/Reepen, **Heilendes Kirchenjahr**	1985/2001
31	Basilius Doppelfeld, **Mission**	1985
32	Anselm Grün, **Glauben als Umdeuten**	1986/2002
36	Anselm Grün, **Einswerden**	1986/2003
37	Brakkenstein Com., **Regel f. e. neuen Bruder**	1986
39	Anselm Grün, **Dimensionen des Glaubens**	1987/2004
41	Johanna Domek, **Gott führt uns hinaus ins Weite**	1987
44	Anselm Grün/Petra Reitz, **Marienfeste**	1987/2001
46	Anselm Grün/Michael Reepen, **Gebetsgebärden**	1988/2002
47	Emmanuela Kohlhaas, **Es singe das Leben**	1988
50	Anselm Grün, **Chorgebet und Kontemplation**	1988/2002
52	A. Grün, **Träume auf dem geistlichen Weg**	1989/2001
57	Grün/Dufner, **Gesundheit als geistliche Aufgabe**	1989/2001
58	Anselm Grün, **Ehelos – des Lebens wegen**	1989/2003
59	Dumitru Staniloae, **Gebet und Heiligkeit**	1990
60	Anselm Grün, **Gebet als Begegnung**	1990/2001
61	Basilius Doppelfeld, **Mission als Austausch**	1990
62	Abeln/Kner, **Kein Weg im Leben ist vergebens**	1990/2003
63	R. Faricy/R. J. Wicks, **Jesus betrachten**	1990
64	Anselm Grün, **Eucharistie und Selbstwerdung**	1990/2002
65	Basilius Doppelfeld, **Ein Gott aller Menschen**	1991
66	Abeln/Kner, **Wie werde ich fertig m. m. Alter?**	1992/2002
67	A. Grün, **Geistl. Begleitung b. d. Wüstenvätern**	1992/2002

68	Anselm Grün, **Tiefenpsych. Schriftauslegung**	1992/2002
71	Anselm Grün, **Bilder von Verwandlung**	1993/2001
73	Wunibald Müller, **Meine Seele weint**	1993/2001
75	Herbert Alphonso, **Die Persönliche Berufung**	1993/2002
76	Anselm Grün/Gerhard Riedl, **Mystik und Eros**	1993/2001
77	Gabriele Ziegler, **Der Weg zur Lebendigkeit**	1993
79	Fidelis Ruppert, **Der Abt als Mensch**	1993
80	Boniface Tiguila, **Afrikanische Weisheit**	1993
81	Anselm Grün, **Biblische Bilder von Erlösung**	1993/2001
82	A. Grün/M. Dufner, **Spiritualität von unten**	1994/2002
84	Mauritius Wilde, **Ich versteh' dich nicht!**	1994/2004
85	R. Abeln/A. Kner, **Das Kreuz mit dem Kreuz**	1994
86	Fidelis Ruppert, **Mein Geliebter, die riesigen Berge**	1995
87	Basilius Doppelfeld, **Zeugnis und Dialog**	1995
90	Fidelis Ruppert, **Intimität mit Gott**	1995/2002
92	Anselm Grün, **Leben aus dem Tod**	1995/2001
93	Anselm Grün, **Treue auf dem Weg**	1995
94	Edgar Friedmann, **Ordensleben**	1995
95	Hermann M. Stenger, **Gestaltete Zeit**	1996
96	Basilius Doppelfeld, **Bleiben**	1996
97	Christian Schütz, **Mit den Sinnen glauben**	1996
98	Karin Johne, **Wortgebet und Schweigegebet**	1996
99	Anselm Grün, **Das Kreuz**	1996/2005
100	A. Grün/A. Seuferling, **Schöpfungsspiritualität**	1996/2002
101	Basilius Doppelfeld, **Lassen**	1996
102	Anselm Grün, **Wege zur Freiheit**	1996/2003
103	G. Kreppold, **Krisen – Wendezeiten im Leben**	1997/2001
104	Irmgard und Peter Abel, **Familienleben**	1997/2002
106	Anselm Grün, **Exerzitien für den Alltag**	1997/2001
107	Karl-Friedrich Wiggermann, **Das geistliche Wort**	1997
108	F. Ruppert/A. Stüfe, **Der Abt als Arzt ...**	1997
109	H. Nouwen, **Unser Heiliges Zentrum finden**	1998/2003
110	Georg Braulik, **Zivilisation der Liebe**	1998
111	Wunibald Müller, **Wenn du ein Herz hast ...**	1998
112	G. Kreppold, **Selbstverwirkl. od. Selbstverleugnung?**	1998
113	Basilius Doppelfeld, **Erinnern**	1998
114	Anselm Grün, **Zerrissenheit**	1998/2001
115	K.-F. Wiggermann, **Spiritualität und Melancholie**	1998
116	Reinhard Körner, **Was ist Inneres Beten?**	1999/2002
117	Christa Carina Kokol, **Wie bist du, Gott?**	1999

Meinrad Dufner

Christliche Meditation

Der vergessene Schatz der Anbetung

145 Seiten, gebunden

ISBN-10: 3-87868-296-4
ISBN-13: 978-3-87868-296-7

Seit Jahren erfreut sich Meditation zunehmender Beliebtheit. Viele Menschen greifen auf das vielfältige Angebot fernöstlicher Spiritualität zurück, wenn sie sich in die Stille zurückziehen möchten. Dabei bietet auch das Christentum Ruheformen für die tägliche Glaubenspraxis an. Meinrad Dufner betrachtet Anbetung als eine Form der Meditation, die jeder für sich im Alltag nutzen kann. Er zeigt, wie Menschen heute diese vergessene Tradition wieder für sich entdecken können. Texte und Beispiele aus der Tradition zu Stille und Ruhe bieten Hilfen (meditative Bilder, Lyrik, Gebete) für den Meditations- oder Gebetsalltag an.

Meinrad Dufner

Rollenwechsel

Münsterschwarzacher Kleinschriften, Bd. 143
80 Seiten, broschiert
ISBN-10: 3-87868-643-9
ISBN-13: 978-3-87868-643-9

Ständig wechseln wir unbemerkt Rollen, Masken und Kostüme: aus dem Morgenmuffel wird der Autofahrer, aus der Kollegin die Joggerin. Manche Rolle kann dabei zum erdrückenden Korsett werden, manche Maske zur schweren Last. Doch im bewussten Wechsel der Rollen und wachen Erleben ihrer Zwischentöne liegt eine Einladung zu einem neuen Leben.

Vier-Türme-Verlag

97359 Münsterschwarzach Abtei
Telefon 0 93 24 / 20-292 Telefax 0 93 24 / 20-495
Bestellmail: info@vier-tuerme.de
www.vier-tuerme-verlag.de

Anselm Grün

Die Zehn Gebote

173 Seiten, gebunden
ISBN 3-87868-728-1

Du sollst nicht töten! – Du sollst nicht stehlen! Die meisten Menschen kennen die Zehn Gebote noch aus ihrer Kindheit und verbinden damit häufig nur negative Erinnerungen an den Beichtstuhl.
Anselm Grün zeigt in diesem Buch, wie die Zehn Gebote für jeden einzelnen Menschen als Wegweiser in die Freiheit verstanden und als praxisnahe Lebenshilfe in den Alltag integriert werden können.